近代中外交涉史料丛刊

「庚子西狩」中外资料六种 上

郑泽民 整理

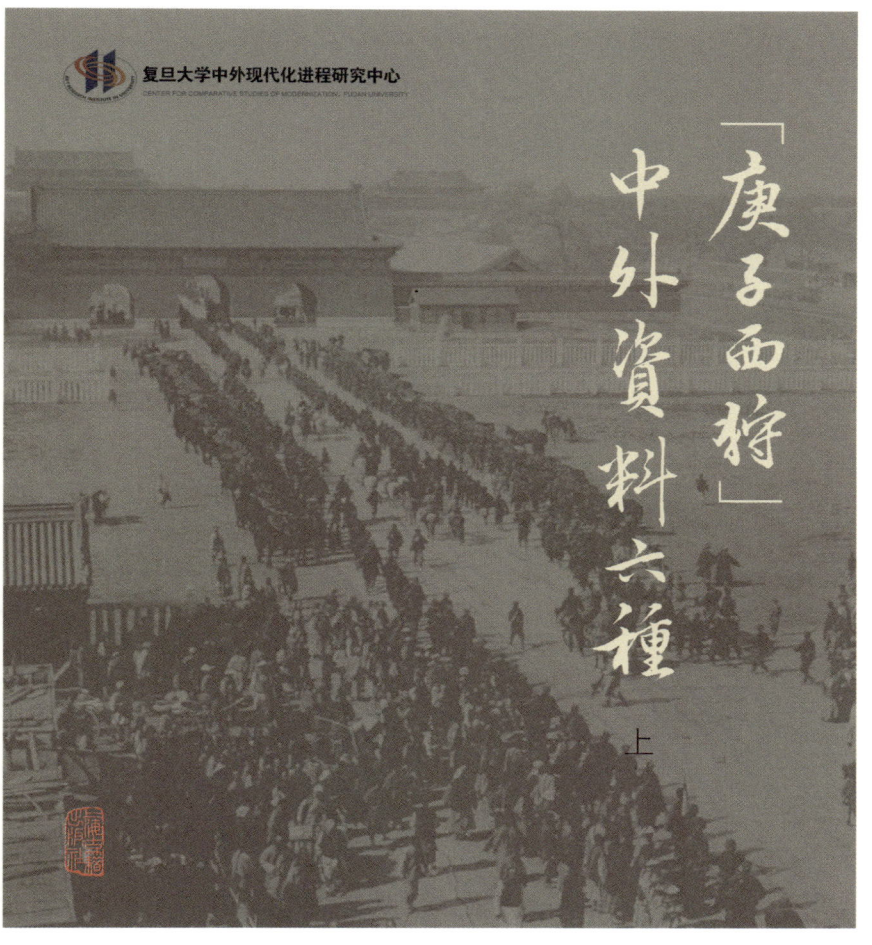

近代中外交涉史料丛刊
第二辑

复旦大学中外现代化进程研究中心　主编

编委会成员（以姓氏拼音排序）

戴海斌	韩　策	吉　辰	乐　敏	刘　洋
裘陈江	孙海鹏	孙　青	谭　皓	王元崇
吴文浩	薛轶群	章　清	张晓川	郑泽民

本辑执行主编：戴海斌

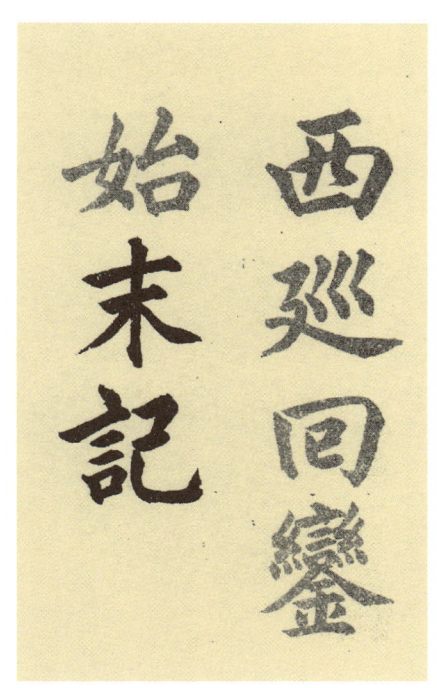

《西巡回銮始末记》书影

《西巡大事记》作者王彦威
（1842—1904）

总　序

梁启超在 20 世纪初年撰《中国史叙论》，将乾隆末年至其所处之时划为近世史，以别于上世史和中世史。此文虽以"中国史叙论"为题，但当日国人对于"史"的理解本来就具有一定的"经世"意味，故不能单纯以现代学科分类下的史学涵盖之。况且，既然时代下延到该文写作当下，则对近世史的描述恐怕也兼具"史论"和"时论"双重意义。任公笔下的近世史，虽然前后不过百来年时间，但却因内外变动甚剧，而不得不专门区分为一个时代。在梁启超看来近世之中国成为了"世界之中国"，而不仅仅局限于中国、亚洲的范围，其原因乃在于这一时代是"中国民族连同全亚洲民族，与西方人交涉竞争之时代"。不过，就当日的情形而论，中国尚处于需要"保国"的困境之中，遑论与列强相争；而面对一盘散沙、逐渐沦胥的亚洲诸国，联合亦无从说起，所谓"连同"与"竞争"大抵只能算作"将来史"的一种愿景而已。由此不难看出，中国之进入近世，重中之重实为"交涉"二字。

"交涉"一词，古已有之，主要为两造之间产生关系之用语，用以表示牵涉、相关、联系等，继而渐有交往协商的意思。清代以前的文献记载中，鲜有以"交涉"表述两个群体之间的关系者。有清一代，形成多民族一统的大帝国，对境内不同族群、宗教和地域的治理模式更加多元。当不同治理模式下的族群产生纠纷乃至案件,或者有需要沟通处理之事宜时,公文中便会使用"交涉"字眼。比如"旗民交涉"乃是沟通满人与汉人,"蒙民交涉"或"蒙古民人交涉"乃是沟通蒙古八旗与汉人,甚至在不同省份或衙门之间协调办理相关事务时,也使用了这一词汇。乾隆中叶以降,"交涉"一词已经开始出现新的涵义,即国与国之间的协商。这样的旧瓶新酒,或许是清廷"理藩"思维的推衍与惯性使然,不过若抛开朝贡宗藩的理念,其实质与今日国际关系范畴中的外交谈判并无二致。当日与中国产生"交涉"的主要是陆上的邻国,包括此后被认为属于"西方"的沙俄,封贡而在治外的朝鲜与服叛不定的缅甸等国。从时间上来看,"交涉"涵义的外交化与《中国史叙论》中的"乾隆末年"基本相合——只是梁启超定"近世史"开端时,心中所念想必是马嘎尔尼使华事件,不过两者默契或可引人深思。

道光年间的鸦片战争,深深改变了中外格局,战后出现的通商口岸和条约体制,致使华洋杂处、中外相联之势不可逆转。故而道咸之际,与"外夷"及"夷人"的交涉开始增多。尤其在沿海的广东一地,因涉及入城问题等,"民夷交涉"蔚然成为一类事件,须由皇帝亲自过问,要求地方官根据勿失民心的原则办理。在《天津条约》规定不准使用"夷"字称呼外人之前一年,上谕中也已出现"中国与外国交涉事件"之谓,则近百年间,"交涉"之对象,由"外藩"而"外夷",再到"外国",其中变化自不难体悟。当然,时人的感触与后见之明毕竟不同,若说"道光洋舰征抚"带来的不过是"万年和约"心态,导致京城沦陷的"庚申之变"则带来更大的震慑与变化。列强获得直接在北京驻使的权力,负责与之对接的总理衙门成立,中外国家外交与地方洋务交涉进入常态化阶段。这是当日朝廷和官员施政新增的重要内容。因为不仅数量上"中外交涉事件甚多""各国交涉事件甚繁",而且一旦处置不当,将造成"枝节丛生,不可收拾"的局面,所以不得不"倍加慎重",且因"办理中外交涉事件,关系重大",不能"稍有漏泄",消息传递须"格外严密"。如此种种,可见从同治年间开始,"中外交涉"之称逐渐流行且常见,"中外交涉"之事亦成为清廷为政之一大重心。

在传统中国,政、学之间联系紧密,既新增"交涉"之政,则必有"交涉"之学兴。早在同治元年,冯桂芬即在为李鸿章草拟的疏奏中称,上海、广州两口岸"中外交涉事件"尤其繁多,故而可仿同文馆之例建立学堂,往后再遇交涉则可得此人才之力,于是便有广方言馆的建立。自办学堂之外,还需出国留学,马建忠在光绪初年前往法国学习,所学者却非船炮制造,而是"政治交涉之学"。他曾专门写信回国,概述其学业,即"交涉之道",以便转寄总理衙门备考。其书信所述主要内容,以今天的学科划分来看大概属于简明的国际关系史,则不能不旁涉世界历史、各国政治以及万国公法。故而西来的"交涉之学"一入中文世界,则与史学、政教及公法学牵连缠绕,不可区分。同时,马建忠表示"办交涉者"已经不是往昔与一二重臣打交道即可,而必须洞察政治气候、国民喜好、流行风尚以及矿产地利、发明创造与工商业状况,如此则交涉一道似无所不包,涵纳了当日语境下西学西情几乎所有内容。

甲午一战后,朝野由挫败带来的反思,汇成一场轰轰烈烈的变法运动,西学西政潮水般涌入读书人的视野。其中所包含的交涉之学也从总署星使、疆臣关道处的职责攸关,下移为普通士子们学习议论的内容。马关条约次年,署理两江的张之洞即提出在南京设立储才学堂,学堂专业分为交涉、农政、工艺、商务四大类,其中交涉类下又有律例、赋税、舆图、翻书(译书)之课程。在张之洞的设计之中,交涉之学专为一大类,其所涵之广远远超过单纯的外交领域。戊戌年,甚至有人提议,在各省通商口岸无论城乡各处,应一律建立专门的"交涉学堂"。入学后,学生所习之书为公法、约章和各国法律,接受交涉学的基础教育,学成后再进入省会学堂进修,以期能在相关领域有所展布。

甲午、戊戌之间,内地省份湖南成为维新变法运动的一个中心,实因官员与士绅的协力。盐法道黄遵宪曾经两次随使出洋,他主持制定了《改定课吏馆章程》,为这一负责教育候补官员和监督实缺署理官员自学的机构,设置了六门课程:学校、农工、工程、刑名、缉捕、交涉。交涉一类包括通商、游历、传教一切保护之法。虽然黄遵宪自己表示"明交涉"的主要用意在防止引发地方外交争端,避免巨额赔款,但从课程的设置上来看包含了商务等端,实际上也说明即便是内陆,交涉也被认为是地方急务。新设立的时务学堂由梁启超等人制定章程,课程中有公法一门,此处显然有立《春秋》为万世公法之意。公法门下包括交涉一类,所列书目不仅有《各国交涉公法论》,还有《左氏春秋》等,欲将中西交涉学、术汇通的意图甚为明显。与康梁的经学理念略有不同,唐才常认为没必要因尊《公羊》而以《左传》为刘歆伪作,可将两书分别视为交涉门类中的"公法家言"和"条例约章",形同纲目。他专门撰写了《交涉甄微》一文,一则"以公法通《春秋》",此与康梁的汇通努力一致;另外则是大力鼓吹交涉为当今必须深谙之道,否则国、民利权将丧失殆尽。在唐才常等人创办的《湘学报》上,共分六个栏目,"交涉之学"即其一,乃为"述陈一切律例、公法、条约、章程,与夫使臣应付之道若何,间附译学,以明交涉之要"。

中国传统学问依托于书籍,近代以来西学的传入亦延续了这一方式,西学书目往往又是新学门径之书。在以新学或东西学为名的书目中,都有"交涉"的一席之地。比如《增版东西学书录》和《译书经眼录》,都设"交涉"门类。两书相似之处在于将"交涉"分为了广义和狭义两个概念,广义者为此一门类总名,其下皆以"首公法、次交涉、次案牍"的顺序展开,由总体而个例,首先是国际法相关内容,其次即狭义交涉,则为两国交往的一些规则惯例,再次是一些具体个案。

除"中外交涉"事宜和"交涉之学"外,还有一个表述值得注意,即关于时间的"中外交涉以来"。这一表述从字面意思上看相对较为模糊,究竟是哪个时间点以来,无人有非常明确的定义。曾国藩曾在处理天津教案时上奏称"中外交涉以来二十余年",这是以道光末年计。中法战争时,龙湛霖也提及"中外交涉以来二十余年",又大概是指自总理衙门成立始。薛福成曾以叶名琛被掳为"中外交涉以来一大案",时间上便早于第二次鸦片战争。世纪之交的1899年,《申报》上曾有文章开篇即言"中外交涉以来五十余年",则又与曾国藩所述比较接近。以上还是有一定年份指示的,其他但言"中外交涉以来"者更不计其数。不过尽管字面上比较模糊,但这恰恰可能说明"中外交涉以来"作为一个巨变或者引出议论的时间点,大约是时人共同的认识。即道咸年间,两次鸦片战争及其后的条约框架,使得中国进入了一个不得不面对"中外交涉"的时代。

"交涉"既然作为一个时代的特征,且历史上"中外交涉"事务和"交涉"学又如上所述涵纳甚广,则可以想见其留下的相关资料亦并不在少数。对相关资料进行编撰和整理的工作,其实自同治年间即以"筹办夷务"的名义开始。当然《筹办夷务始末》的主要编撰意图在于整理陈案,对下一步外交活动有所借鉴。进入民国后,王彦威父子所编的《清季外交史料》则以"史料"为题名,不再完全立足于"经世"。此外,出使游记、外交案牍等内容,虽未必独立名目,也在各种丛书类书中出现。近数十年来,以《清代外务部中外关系档案史料丛编》、《民国时期外交史料汇编》、《走向世界丛书》(正续编)以及台湾近史所编《教务教案档》、《四国新档》等大量相关主题影印或整理的丛书面世,极大丰富了人们对近代中外交涉历史的了解。不过,需要认识到的是,限于体裁、内容等因,往往有遗珠之憾,很多重要的稿钞、刻印本,仍深藏于各地档案馆、图书馆乃至民间,且有不少大部头影印丛书又让人无处寻觅或望而生畏,继续推进近代中外交涉相关资料的整理、研究工作实在是有必要的,这也是《近代中外交涉史料丛刊》的意义所在。

这套《丛刊》的动议,是在六七年前,由我们一些相关领域的年轻学者发起的,经过对资料的爬梳,拟定了一份大体计划和目录。复旦大学中外现代化进程研究中心的章清教授非常支持和鼓励此事,并决定由中心牵头、出资,来完成这一计划。以此为契机,2016年在复旦大学召开了"近代中国的旅行写作、空间生产与知识转型"学术研讨会,2017年在四川师范大学举办了"绝域辀轩:近代中外交涉与交流"学术研讨会,进一步讨论了相关问题。上海古籍出版社将《丛刊》纳入出版计划,胡文波、乔颖丛、吕瑞锋等编辑同仁为此做了大量的工作。2020年7月,《近代中外交涉史料丛刊》第一辑十种顺利刊行,荣获第二十三届华东地区古籍优秀图书一等奖。《丛刊》发起参与的整理者多为国内外活跃在研究第一线的高校青年学者,大家都认为应该本着整理一本,深入研究一本的态度,在工作特色上表现为整理与研究相结合,每一种资料均附有问题意识明确、论述严谨的研究性导言,这也成为《丛刊》的一大特色。

2021年11月、2024年6月,由复旦大学中外现代化进程研究中心与复旦大学历史学系联合举办的"钩沉与拓展:近代中外交涉史料丛刊"学术工作坊、"出使专对:近代中外关系与交涉文书"学术工作坊相继召开,在拓展和推进近代中外关系史研究议题的同时,也进一步扩大充实了《丛刊》整体团队,有力推动了后续各辑的筹备工作。《丛刊》计划以十种左右为一辑,陆续推出,我们相信这将是一个长期而有意义的历程。

这一工作也是国家社科基金重大项目《晚清外交文书研究》(23&ZD247)、教育部人文社科重点基地重大项目《全球性与本土性的互动:近代中国与世界》(22JJD770024)的阶段性成果。

整理凡例

一、本《丛刊》将稿、钞、刻、印各本整理为简体横排印本,以方便阅读。

二、将繁体字改为规范汉字,除人名或其他需要保留之专有名词外,异体、避讳等字径改为通行字。

三、原则上保持文字原貌,尽量不作更改,对明显讹误加以修改,以〔 〕表示增字,以( )表示改字,以□表示阙字及不能辨认之字。

四、本《丛刊》整理按照国家标准标点符号用法,进行标点。

五、本《丛刊》收书类型丰富,种类差异较大,如有特殊情况,由该书整理者在前言中加以说明。

目　录

总序 …………………………………………………………… 1

整理凡例 ……………………………………………………… 1

前言 …………………………………………………………… 1

日本外交文书・北清事变选译 ……………………………… 1
    事项一〇　清国官场情报及宫廷西迁 …………………… 3
    事项十一　清国地方官之态度 …………………………… 112
    事项十九　回銮及官场情报 ……………………………… 117

庚子西行记事 ………………………………………………… 165
    序 …………………………………………………………… 167

回銮大事记 …………………………………………………… 203
    卷二　回銮日记 …………………………………………… 205
    卷四　回銮杂记 …………………………………………… 217
    卷五　论说 ………………………………………………… 233
    卷六　回銮余纪 …………………………………………… 290

西巡回銮始末记 ·················· 303
　卷一 ························ 305
　卷二 ························ 319
　卷三 ························ 361
　卷四 ························ 399
　卷五 ························ 437
　卷六 ························ 461

长安宫词 ······················ 495

西巡大事记 ···················· 515
　西巡大事记序 ················ 517
　西巡大事记例言 ·············· 519
　西巡大事记卷首 ·············· 520

前　言

发生于 1900 年的庚子事变,作为中国近代史的重要转折点,从来是晚清史研究中的"显学",相关著述可谓浩若烟海。前辈学者在义和团的起源与发展、清廷与义和团的关系、中外交战、东南互保、勤王运动、庚辛议和等议题中俱有深耕,后学多蒙嘉惠。然即便珠玉在前,庚子事变研究也并非题无剩义,隐而未彰之处尚多,"庚子西狩"便是其中之一。① 从光绪二十六年七月至光绪二十七年十一月,慈禧太后、光绪皇帝(下或简称"两宫")在外"巡狩"的近一年半中,朝野内外变数不少:一则京师继英法联军之役后再度沦陷为"无主之地";二则行在深入西北,两宫自保的主观愿望与路途遥远、通讯不便等客观因素相结合,额外增加了谈判的成本及复杂性;三则"西狩"致使权力中心离京,直接形成了权力核心所在的行在、与列强直接交涉的在京全权大臣以及参与外交

---

① 目前对"西狩"问题的专门研究尚不算多见,笔者所见有如下几部:高丽丽:《"西巡"时期清政府施政状况考察》,硕士学位论文,河北师范大学,2010 年;郭媛:《慈禧"西狩"与清末新政的肇始》,硕士学位论文,陕西师范大学,2014 年;郑泽民:《庚辛"行在"研究》,硕士学位论文,华中师范大学,2018 年;孙凯:《庚辛国变期间京官奔赴行在研究》,硕士学位论文,河北师范大学,2019 年。另有两部报告文学著作:孙丽萍、陕劲松:《流亡日志:慈禧在山西的 53 天》,北岳文艺出版社,2011 年;杨红林:《慈禧回銮:1901 年的一次特殊旅行》,生活·读书·新知三联书店,2017 年。

并保障东南安靖的地方督抚三大行政枢纽,呈现有清一代前所未有的政治图景;四则西行途中,清廷揭开了"新政"的序幕,进入到王朝最末十年的政治转轨进程之中。以上种种,可见"西狩"的重要研究价值。

有关庚子事变的中外资料汇编不胜枚举,影响力较大的主要有《中国近代史资料丛刊·义和团》(神州国光社,1951年)、《英国蓝皮书有关义和团运动资料选译》(中华书局,1980年)、《庚子事变清宫档案汇编》(中国人民大学出版社,2003年)、《义和团运动文献资料汇编》(山东大学出版社,2012年)等数部,而"西狩"的相关史料亦曾或多或少散见于上述资料集中。遗憾的是,纯粹以"西狩"为主题的史料汇编尚不多见,这无疑与该事件的重要性不相匹配。有鉴于此,本书整理收录了6种与"西狩"相关的史料,其中既有日本官方外交档案性质的《日本外交文书·北清事变》,也有亲历者纪实自述性质的《庚子西行记事》《长安宫词》《西巡大事记》,以及汇集新闻、时论材料而形成的《回銮大事记》《西巡回銮始末记》,以供学界及相关领域的爱好者参考。下面将对几种资料本身的背景及其收录在本书中的体例、损益情形略作陈述。

一、《日本外交文书·北清事变》

自1936年起,日本外务省开始陆续推出由外交史料馆编纂的《日本外交文书》,以事件或专题形式收录外务省各年度的重要官方文书、报告、训令以及会谈纪要等资料,可谓近代日本外交史料的集大成者。其中明治期第33卷专辑《北清事变》(下简称《事变》)别册,共上、中、下三卷,用以收录庚子事变的相关内容,①可见日方对该事件之重视。然稍嫌遗憾的是,《事变》译成中文的内容十分有限,除一小部分有关日方军事布防的内容被收录于路遥先生主编的《义和团运动文献资料汇编·日译文卷二》,②以及部分与义和团直接相关的资料曾分两次刊登在《南开史学》之外,③其余大部分内容并未被译介到国内。

实际上,"庚子西狩"是日方当时密切关注的问题,《事变》中的事项一〇(清国官边情报并に宫廷西迁)及事项十九(回銮并官边情报)中对"西狩"过程及期间中国政局、政要情形均有不少记录,其中亦不乏朝野秘辛,是以日方这一"他者"的外交观察,或于中文史料有补遗之用,也可帮助我们深化对"庚子西狩"的认识,但由于所记杂乱,诸多情报疏于考证,前后不相凿枘之处亦不鲜见,不宜直接视为信史。另外,透过日方的外交情报,可以一窥其背后的信息网络及其对华观念,自能丰富研究者对于事变时期日本面目的认识。鉴于此,本文试结合部分中文材料,对《事变》中有关"西狩"的内容作一简要评介。

(一) 日本对"西狩"各阶段的关注

两宫确切的出行日期为光绪二十六年七月二十一日(1900年8月15日)清晨,但早在此之前,两宫出京避难的传闻便已甚嚣尘上。陕西道员唐晏时寓京中,五月十八日时于西安门见"双扉紧

---

① 参见日本外务省编:《日本外交文书》第三十三卷别册《北清事变》,日本国际连合协会,1955—1957年。
② 参见路遥主编:《义和团运动文献资料汇编·日译文卷二》,山东大学出版社,2011年。
③ 仇宝山、王振锁:《日本外交文书有关义和团运动史料选译》,《南开史学》1985年第2期;仇宝山、王振锁:《日本外交文书有关义和团运动史料选译(续)》,《南开史学》1987年第1期。

阖,门外军士鹄立,路旁近千人,马数百匹系于门之左右",打探方知是端王所调,于是揣测"前数日即有将出狩之说,至是殆将实行乎"。① 可见在五月十八日之前,坊间即有两宫出京之说。恽毓鼎在五月十九日的日记中也提到"传闻六飞有西幸之说"。② 传言流布,原因众多,一方面来自中外冲突日炽而衍生出的恐慌气氛,另一方面皇室在40年前英法联军之役中出宫避难的先例,也难免使民众产生遐想。另外,据目前所见史料推断,两宫确在五月中下旬便有外出巡幸之议。

张謇日记有云:"与伯严(陈三立)议易西而南事。江以杜云秋为营务处,鄂以郑苏龛(郑孝胥)为营务处,北上。"③彼时不过五月三十日,正值京师形势不妙,张謇、陈三立等人听闻有清廷西迁的传闻,唯恐两宫与内地政治保守势力合流,遂有"迎銮南下""易西而南"之议。④ 期间盛宣怀致张之洞等人的电文,亦可为旁证。先是五月二十五日,盛宣怀称"传工部造布篷八百架,此意须深思",⑤翌日又引保定来电称"回园造篷,十七出京"。⑥ 这便可以解释为何在六月初三日,两宫会应御史陈璧之请,下旨"由顺天府转饬大兴、宛平两县各按地段设立官车局",⑦而自五月十七日起署

---

① 唐晏:《庚子西行记事》,中国史学会编:《中国近代史资料丛刊·义和团》第三册,上海人民出版社,2000年,第472页。
② 恽毓鼎:《恽毓鼎庚子日记》,《义和团运动史料丛刊》第1辑,第49页。
③ 张謇研究中心、南通市图书馆编:《张謇全集》第6卷,江苏古籍出版社,1994年,第437页。
④ "迎銮南下"相关史实,可参考戴海斌:《"题外作文、度外举事"与"借资鄂帅"背后——陈三立与梁鼎芬庚子密札补证》,《近代史研究》2011年第2期。
⑤ 《盛京堂来电并致江宁、广东、成都、济南、安庆督署》(光绪二十六年五月二十五日),苑书义等主编:《张之洞全集》第10卷,河北人民出版社,1998年,第8011页。
⑥ 《盛京堂来电》(光绪二十六年五月二十六日),《张之洞全集》第10卷,第8012页。
⑦ 中国第一历史档案馆编:《光绪朝上谕档》第26册,光绪二十六年六月初三日,广西师范大学出版社,2008年,第158页。

理顺天府尹的陈夔龙,亦自言在不到两月的任期内,"奉旨督办京津一带转运事宜,尤为重要",盖因此时慈禧便去意已萌。然或因局势尚未崩坏彻底,转圜可期,因此巡幸一事并未立即付诸实践。尽管如此,日方对此动议却高度警觉。

最早关注此事的是日本驻上海代理总领事小田切万寿之助。此人自光绪二十三年(1897)担任该职起,便利用其丰富的人脉资源广泛搜集中国的政治、经济及外交情报,并频繁向外务省汇报,刘坤一、张之洞、盛宣怀、文廷式、郑孝胥等大吏名流均与其过从甚密,是个十足的"中国通",①李鸿章曾批其"专喜刺探""串通东南,造谣生事"。② 6月29日(六月初三日),小田切给日本外务大臣青木周藏发送了如下电报:

> 盛宣怀极秘密地向本官开陈:
>
> 北京之形势日变,董福祥之势力愈强,朝廷亦难以将其镇压,太后、皇上只能依从董福祥与刚毅之劝诱,离京西迁。事若至此,天下必乱,秩序恐难于短期内恢复。故望贵国于派遣军队赴京之时,并能另遣一队人马直赴保定府一带,以阻止两宫出行。③

可以推断,两宫西迁的动议是盛宣怀告知小田切的。此则材料之特殊,一在于其不见于他处,再者其展现出的盛宣怀心态亦与

---

① 对于小田切在华的外交活动,可参考戴海斌:《义和团事变中的在华外交官——以驻上海代理总领事小田切万寿之助为例》,《抗日战争研究》2012年第3期;易惠莉:《晚清日本外交官在华的多方活动(1898—1901)》,《近代中国》第22辑,2012年。
② 《李鸿章致盛宣怀函》(光绪二十六年九月二日),上海图书馆藏,盛宣怀档案,SD056435。
③ 《一〇七四 清廷ノ西迁阻止方盛宣怀ヨリ恳请ニ关シ报告ノ件》(1900年6月29日),《日本外交文书》第三十三卷别册二《北清事变中》,第77—78页。原文为日文,引文由整理者译为中文,下同。

以往大异,颇值玩味:其不仅不反对日方进军北京,且还建议另派军队去保定阻止两宫的巡幸计划。若按当时标准,盛宣怀此举无疑是私联外人,属于"里通外国",性质远比"东南互保"的诸疆臣严重得多,足见当时情势之复杂,以至盛氏竟作如此大胆设想。

六月中下旬,随着天津失陷,局势越发扑朔,慈禧再度产生离宫避祸的念头。翰林院编修华学澜日记中提及"闻天津失守,两宫有意西迁,并云车尚须用时许"。① 安徽巡抚王之春在给李鸿章的电文中也提到天津变局对慈禧太后的震动,"慈圣自津城失陷,其时即欲巡汴",最终在"徐(徐桐)、崇(崇绮)、怀(怀塔布)诸公"的劝谏下才作罢。② 袁昶在六月二十日的日记中也有类似记载:"幸仗荣相(荣禄)三次召见,谏止挽回。"③虽各说之间略有出入,或言"巡汴",或言"西行",却足证天津沦陷是两宫再言出走的催化剂,只是碍于重臣劝阻,暂且作罢。对于两宫是否成行、经何路线、目的地为何处等问题,日方相当关注,与此相关的情报也纷至沓来,说法众多。有言山西巡抚已经带兵前往直隶,以便于两宫西迁途中会合,而端王、刚毅、董福祥等均已着手准备西行;④有言慈禧已经离京,并向陕西进发,当下已至宣化府;亦有言称若要西行,则必经保定、正定、山西五台,再至山西。⑤ 传言之多令人眼花缭乱,主要由于电报通讯的梗阻。庚子之前,清廷的对外电报线路主要有

---

① 华学澜:《庚子日记》,《庚子记事》,第106页。
② 《皖抚王来电》(光绪二十六年七月二十日),顾廷龙、戴逸主编:《李鸿章全集》第27卷,安徽教育出版社,2007年,第188页。
③ 袁昶:《乱中日记残稿》,孙之梅整理:《袁昶日记》下册,凤凰出版社,2018年,第1283页。
④ 《一〇九二 山西巡抚ノ带兵进发并守旧派清官ノ西迁准备情报ノ件》(1900年7月19日),《日本外交文书》第三十三卷别册二《北清事变中》,第95页。
⑤ 《一一〇五 西太后宣化府ニ播迁说报告ノ件》(1900年8月6日),《日本外交文书》第三十三卷别册二《北清事变中》,第102页。

东、西、京恰三条,东线自北京经通州与天津相接,再过津沪线与上海相通;西线则自卢沟桥通往保定,经太原接往西安;京恰线则由北京出发,经张家口通往库伦,进而连接中俄边境的恰克图。北京失陷之前,东线和西线已然受损,清廷的对外电讯濒于瘫痪,是以谣言丛生、言人人殊,即便身在北京的恽毓鼎、那桐等官员亦无确切消息可知。七月二十一日清晨,两宫在联军的炮火声中匆忙离宫,踏上"西狩"之途。然而七天之后,小田切仍以为两宫的出宫日期是8月11日(七月十七日):

> 西太后、皇帝在董福祥麾下三千士兵之护卫下,于八月十一日前后逃离北京,推测此行之目的地当为陕西省西安府。①

关于两宫所在的情报中,有一则格外引人注目:8月30日,一名自保定而来的中国商人,告知驻津日本外交官员,称两宫、皇太子(即大阿哥溥儁)、端王、荣禄、董福祥、刚毅等人均在保定。② 若在两宫出宫前后,出现此等谣言尚属正常,然此时距两宫出京已15日之久,两宫"西狩"一事几乎人所共知,出现这类说法殊属蹊跷。由此,笔者猜想,关于西行目的地及两宫所在的种种传言,有无可能是清廷内部有意释放的迷惑信号,以扰乱列强视线,为顺利出京西行创造时间? 当然,这一大胆假设还有待确证。除了"西狩"开始的时间、地点外,小田切等人还对端王、刚毅、毓贤等一班排外官员的动向十分敏感,因而对于相关传闻,小田切都会选择上报,尽管许多内容如今看来十分耸人听闻,譬如有情报称"端王命

---

① 《一一一四 清廷西迁情报ノ件》(1900年8月22日),《日本外交文书》第三十三卷别册二《北清事变中》,第107—110页。
② 《一一一九 清廷西巡情报ノ件》(1900年8月25日),《日本外交文书》第三十三卷别册二《北清事变中》,第114—115页。

袁世凯率八千兵士前往南京实施占领"便毫无依据,①且违背常识;还有情报认为此间上谕"全出自端郡王之意",无疑也高估了端王的权势,但若置身于当时的历史情境,在端王等一批"肇祸诸臣"早已被过度妖魔化为洪水猛兽的情况下,日本人选择相信或将信将疑,均在情理之中。对排外官员权势的夸大,又自然衍生出另外一种幻象,即两宫是在端王、刚毅、董福祥等人的胁迫下出行的,日本驻华公使馆书记官中岛雄在归国途中的报告中便持此议,认为彼等是"挟天子以令天下"。② 实际上,不惟日人如此,这种观点在当时几乎是中外共识。李鸿章便曾表达过对可能会发生"催汜之祸"的担忧,③《新闻报》中也曾直斥端王祸国,两宫西行系受其所制,并号召全国臣民"设法勤王"。④

尽管存在种种不经之谈,日方搜集到的情报中仍有不少内容是可以通过其他史料证实的。如8月18日有一则从盛宣怀处听来的情报,称8月12日(即七月十八日)有军机章京若干人手执写有"奉旨随扈"文字的旗子穿过卢沟桥,便大致不错。⑤ 这条消息出于袁世凯,其坐探于七月十八日"遇连、甘两部郎车,标奉旨随扈",⑥袁将此信告知盛宣怀,盛又转告小田切,只是在传递过程中

---

① 《一○八○ 端郡王ヨリ袁世凯宛南京占领方训令说情报ノ件》(1900年7月6日),《日本外交文书》第三十三卷别册二《北清事变中》,第84页。
② 《一一一五 中岛书记官稿(归朝中)媾和ノ前途并清廷五台行幸绕ル山西一带ノ情势ニ关スル推测》(1900年8月23日),《日本外交文书》第三十三卷别册二《北清事变中》,第110—113页。
③ 《致同志诸帅电》(光绪二十六年七月十九日),《李鸿章全集》第27卷,第185页。
④ 《恭读七月二十六日上谕谨注》,《新闻报》,1900年9月5日,第1版。
⑤ 《一一一一 清廷山西省五台县ニ播迁情报ノ件》(1900年8月18日),《日本外交文书》第三十三卷别册二《北清事变中》,第104—105页。
⑥ 《致全权大臣李鸿章、督办铁路大臣盛宣怀、两江总督刘坤一、湖广总督张之洞电》(光绪二十六年七月二十三日),刘路生、骆宝善主编:《袁世凯全集》第6卷,河南大学出版社,2013年,第188页。

出现了些许错讹,将执旗者误作军机章京,小田切甚至还认为"章京"应是"兵京",显示其对清廷官制认识有限。事实上,据在京目击者所述,章京乃行于郎车之前,旗子则悬于郎车之上,并非手执。① 至于情报中谈到李鸿章倡议"谏阻西幸",也确有其事,因张之洞拒不附议,②故最终以李鸿章、刘坤一、袁世凯、聂缉椝、刘树堂等人会衔的形式上奏,认为"不迁则各国有言在先,尚有可议之约、可转之机,迁则朝廷不自剿匪,团众必拥卫而行",若各国派兵向西截击,后果不堪设想。③

8月底9月初,随着行在情形日益好转,以及电报沟通逐渐通畅,日方所收行在信息的可靠性亦有所提高。此时日方的焦点则转移到两宫是继续西迁长安抑或回銮京师的问题上。对于两宫宣布继续西迁的相关诏令以及西安行在的状况,④甚至太原、西安两地间的确切距离,⑤日方都有详尽的记录。至于希望两宫早日回銮,乃是当时联军各国的共识,日本也不例外。日本外相青木周藏更是致电该国驻英公使林董,使其伺机向英国首相索尔兹伯里表达日本希望两宫回銮、重组政府、执行和谈的意愿,并诱使英国有所行动。⑥ 此议获得英国支持。在两宫动身回銮前夕,日本驻英公使林董还曾与英国外相围绕当时国际形势以及之后的对华策略

---

① 杨典诰:《庚子大事记》,《义和团运动史料丛编》第1辑,第18页。
② 《附 鄂督张来电》(光绪二十六年七月二十日),《李鸿章全集》第27册,第190页。
③ 《寄译署》(光绪二十六年七月二十二日),《李鸿章全集》第27册,第199页。
④ 《二二八七 西安行在所状况情报ノ件》(1901年5月8日),《日本外交文书》第三十三卷别册二《北清事变下》,第810—814页。
⑤ 《一一四三 西安府行宫准备ニ关スル上谕报告ノ件》(1900年9月28日),《日本外交文书》第三十三卷别册二《北清事变中》,第139—140页。
⑥ 《一一二四 清廷迁都劝告方ニ关スル英国政府意向探报方训令ノ件》(1900年8月29日),《日本外交文书》第三十三卷别册二《北清事变中》,第117页。

等诸问题促膝长谈。① 通过《事变》收录的文件,不难发现这一时期日本对英国的活动颇为留意,譬如在得知恽祖翼代替刘树堂成为浙江巡抚后,驻杭州领事山崎桂便认为这是英国势力壮大到掌握"对封疆大吏的黜陟与夺"的表现,进而担忧日本在浙江的利益会被英国挤压;② 又如一度出现的行在将迁往湖北襄阳的传闻,也令驻汉口领事濑川猜测其背后有英方影响。③ 结合上文,不难体味出日本对英国既欲合作又暗怀提防的复杂心态,其实这也为次年"英日同盟"的确立埋下伏笔。

1902年1月,两宫还京,并于宫内接见各国驻京外交使团,场面盛大庄严,日本驻华公使内田康哉在事后给外相小村寿太郎的报告中,详细地还原了这场典礼的全程,包括进宫的路线、各国觐见及介绍的次序、两宫所在位置、具体的礼仪以及双方的沟通等,④ 十分生动,足可反映在大乱之后,力行新政的清廷统治者正努力营造一种开明的形象,或曰塑造一种中外和睦的氛围。

(二) 日本对西狩期间政治动向的把握

上文有述,各国对于端王、刚毅、毓贤等排外官员均感不满,因而在"庚子西狩"期间,日方对于端王等人的动向亦格外关注。在"西狩"初期,两宫的行进方向以及随扈官员的情形,外界尚不明

---

① 《二二七一 清廷还都ニ付英国外相卜会谈ノ件》(1902年1月7日),《日本外交文书》第三十三卷别册二《北清事变下》,第790—794页。
② 《一一七四 浙江巡抚更迭ニ付报告ノ件》(1900年11月27日),《日本外交文书》第三十三卷别册二《北清事变中》,第186页。
③ 《一一八〇 清廷行在襄阳ヘ移转ノ为张之洞ヲ密召说情报ノ件》(1900年12月6日),《日本外交文书》第三十三卷别册二《北清事变中》,第193—194页。
④ 《二三三三 皇帝并皇太后外交团引见模样具报ノ件》(1902年2月3日),《日本外交文书》第三十三卷别册二《北清事变下》,第851—855页。

朗,因而端王、刚毅、徐桐等人在京与否,日方所收情报也多为捕风捉影,①后来随着消息逐渐畅通,才弄清这些排外大臣的所在。其后两宫在"西狩"途中因礼亲王世铎患病不便理政,而命端王出任军机大臣,此举直接令小田切得出"局势难以迅速终结"的判断。②因德国一直力倡将惩办"祸首"作为开展议和的前提,而端王更是祸首之首,是联军深恨之人,此时地位竟不降反升,自然引发负面论调。尤其是小田切所在的江南地区,受惠于"东南互保"而幸以图存,中外人士普遍担忧,若排外官员持续掌权,安定局面恐为之一变。与盛宣怀交往密切的乡人费念慈曾告盛氏,称"此后恐有易置东南将帅之事,江左半壁亦极可危"。③德国驻汉口领事甚至专程拜谒张之洞询问是否"长江两制台有调动"?并表示若此事属实,德国水师愿意入江相助。青木周藏收到消息后,马上联络了该国驻北京的政务局长内田康哉:

  请您与福岛(安正)陆军少将协商,设法迅速将端郡王一干人等逐出清国皇帝的随员队伍,并请回电反馈。④

而之后内田给青木的回电亦颇值一提:

  本官同意福岛少将的意见,除利用袁世凯及其军队外,别无他法。本官将在9月25日与庆王会见,届时将公开说明此

---

① 《一一二一 庄亲王、徐桐及刚毅北京城外潜伏说情报ノ件》(1900年8月26日)、《一一二二 荣禄并端郡王所在关报告件》,《日本外交文书》第三十三卷别册二《北清事变中》,第116页。
② 《一一三六 端郡王军机处大臣任命情报ノ件》(1900年9月20日),《日本外交文书》第三十三卷别册二《北清事变中》,第130页。
③ 《费念慈致盛宣怀函》(光绪二十六年八月三十日),陈旭麓等编:《盛宣怀档案资料》第2卷,第256页。
④ 《一一三九 端郡王ヲ清廷随员ヨリ排除方训令ノ件》(1900年9月21日),《日本外交文书》第三十三卷别册二《北清事变中》,第134页。

事。另外,本官于9月17日已向该亲王陈明增加刘坤一、张之洞为清国全权委员的必要性。①

由此说明面对端郡王等人可能对和局带来的威胁,日方并非仅仅止步于谴责性的外交辞令,而是主动采取攻势,并有实际性的构想,即通过袁世凯及其麾下军事力量对清廷进行震慑,并且在清廷全权谈判人员中补加刘坤一、张之洞。至于为何选择袁世凯以及如何利用其军队,由于有益资料内容有限,细节尚待发掘,但不难发现复电中提到的袁、张、刘均是"东南互保"的参与者,自然是外人眼中的"开明派",内田对此三人加以强调,自然不无增强开明势力以遏制排外官员的考量。其后内田在与庆王会谈时,确实对此事加以讨论,庆王称"端王及其党羽是此次事件的责任者,因此必须给予严格的惩处",并允诺之后会慢慢出台相应的惩罚举措。② 可以说,日方此举对于后续端王一党失势以及"惩凶"活动的实施,有重要的推动作用。而对于端王、庄王、刚毅、毓贤、董福祥等人的处置结果,日方也有着持续性的记录。

与观察排外官员动向互为一体两面的,则是日本人对荣禄、李鸿章等"开明大员"行止的关注,尤其考察了前者自保定赴行在的原委及后者北上赴京参与谈判的过程,所述虽多,但因与现存其他史料无甚明显出入,此处暂且不论。值得注意的是,对于行在官员人事变动及地方官员的迁转情形,日方也尽力搜罗,几乎做到了如指掌。行在人员中,最引日人侧目的,便是鹿传霖的平步青云。此前,鹿传霖正任江苏巡抚,闻京城大变,便带兵勤王随扈,为慈禧所

---

① 《一一四〇 端郡王ヲ清廷随员ヨリ除外方二关スル件》(1900年9月24日),《日本外交文书》第三十三卷别册二《北清事变中》,第135页。
② 《一一四五 端郡王ヲ清廷随员ヨリ排除方二付庆亲王卜会谈ノ件》(1900年9月30日),《日本外交文书》第三十三卷别册二《北清事变中》,第141页。

激赏,先授两广总督,不久又授军机大臣。光绪二十六年九月,鹿传霖入枢的消息传来,小田切给日本新任外相加藤高明发去了关于此事的观察报告,对于鹿氏之蒙恩,报告中这样说道:

> 其人之荣升实为例所罕见,受此殊恩,固系得自刚毅等人的推举,然近来有一论调指出,前此銮驾初抵太原时,受命随行的其他大臣大半因道路梗阻而未能及时赶赴行在,而彼时正在山东北部养病的鹿氏听闻京师阽危之际便即刻动身赶赴山西,成为最早到达太原府行在服侍太后的人,太后因而十分欣慰,于是便有了前述之殊荣。①

光绪二十六年十一月二十三日(1901年1月13日),工部主事夏震武上《枢臣庇逆怀奸请旨立赐处分以除内间而保宗社折》,直斥王文韶为"倾邪小人,乘时窃位,庇逆罔上,蓄心积虑,以章惇、秦桧自处"。② 小田切探知到此事,认为此事乃鹿传霖幕后指使,"鹿传霖之辈入枢后势力之大可见一斑";③除了王文韶,小田切还探闻鹿氏与赶赴行在的另一枢臣荣禄亦政见不合,因为鹿氏是"俄国党",而荣禄则"偏袒日本国及美国"。④ 日人的观察不为无见,此时的鹿氏确实圣眷正隆,在中枢气焰颇盛,常给人"卞急乖张"之感。据户部主事李哲濬的西安见闻,鹿传霖亟思排挤王文韶,夏

---

① 《鹿传霖ノ拔擢並湖北河南两巡抚更迭ノ件》(1900年10月24日),日本外务省编:《日本外交文书》第三十三卷别册二《北清事变中》,第155页。
② 王波编:《中国近代思想家文库·夏震武卷》,中国人民大学出版社2015年版,第276—278页。
③ 《二二七七 工部主事夏震武谴责ノ上谕ノ件》(1901年2月9日),《日本外交文书》第三十三卷别册二《北清事变下》,第799—800页。
④ 《二二七八 荣禄、鹿传霖政见对立情报ノ件》(1901年2月13日),《日本外交文书》第三十三卷别册二《北清事变下》,第800页。

震武上奏一事,"闻鹿颇暗中助之"。① 夏震武原折末尾专有一段细谈鹿传霖阻止其上书事,如此不厌其烦,看似对鹿氏不满,其实是在力证弹章并非鹿氏鼓动,以去其嫌疑,然却未免欲盖弥彰。不过日方的情报也常常出现偏差,譬如认为张佩纶前往北京参与交涉与鹿传霖有关,②并称张人骏是鹿氏的亲戚等,③均非事实。

由鹿传霖的权势日炽,日方还捕捉到行在与地方在人事关系上的细密关联,譬如此时湖北巡抚于荫霖与河南巡抚裕长的职位互调,小田切认为于荫霖抚豫属于升迁,而裕长赴鄂则系降职,而于氏得此机遇则全因鹿传霖的推举。④ 另外,这一时期发生的"上海道台更易事件",即余联沅的上海道台一缺将被程仪洛取代一事,日方也颇多着墨,并被小田切解读为鹿传霖一派意图染指东南半壁的先导,并猜测"南方诸省其他高级官员"也会陆续被罢免,⑤由此颇感恐慌。而其之所以担忧,是因程仪洛与鹿传霖、端王等关系匪浅,⑥端王的排外倾向自不必论,鹿传霖则因与刘坤一不睦且

---

① 《有关西安见闻》(光绪二十六年十一月十五日),上海图书馆藏,盛宣怀档案,SD056022。按,夏震武(1854—1930)时为工部主事,随扈两宫,曾于十一月二十三日(1901年1月13日)上《枢臣庇逆怀奸请旨立赐处分以除内间而保宗社折》,直斥王文韶为"倾邪小人,乘时窃位,庇逆罔上,蓄心积虑,以章惇、秦桧自处",有趣的是,折中最后用了一整段谈及鹿传霖阻止其上书事,笔者以为夏氏如此不厌其烦,看似批驳鹿氏,其实是在力证弹章并非鹿氏鼓动,以去其嫌疑。见王波编:《中国近代思想家文库·夏震武卷》,中国人民大学出版社,2015年,第276—278页。
② 《二二七八 荣禄、鹿传霖政见对立情报ノ件》(1901年2月13日),《日本外交文书》第三十三卷别册二《北清事变下》,第800页。
③ 《西安ニ於テ颁布セラレタル各种上谕写进达ノ件·附记1》(1900年12月3日),日本外务省编:《日本外交文书》第三十三卷别册二《北清事变中》,第170页。
④ 《鹿传霖ノ拔擢立湖北河南两巡抚更迭ノ件》(1900年10月24日),日本外务省编:《日本外交文书》第三十三卷别册二《北清事变中》,第155页。
⑤ 《上海还关道更迭ノ件》(1900年9月21日),日本外务省编:《日本外交文书》第三十三卷别册二《北清事变中》,第132页。
⑥ 《上海海关道更迭ノ件·附记1·机密第一〇九号》(1900年9月26日接收),日本外务省编:《日本外交文书》第三十三卷别册二《北清事变中》,第132—133页。

对"东南互保"态度不积极,而被小田切视为保守顽固一党,则其门生程仪洛自然也是通同一气。其实当时外人对鹿传霖的观感普遍不佳,也多因其勤王、排斥互保等事迹,加之鹿氏任苏抚时曾有奉命监视改革者和新闻界的传闻,①在在令其贴上"顽固排外"的标签,以至于外人多将其视作"刚毅第二"(The Second Kang Yi)。② 最终在中外人士的共同努力下,上海道一缺并未被程仪洛继任,而是改授袁树勋。③

不难发现,在庚子年这一敏感时期,日方对政坛人事变动的分析,基本坚持顽固与保守的二分路径,如恽祖翼取代刘树堂出任浙江巡抚,驻杭领事山崎桂便认为堪忧,因为恽氏是浙江省"排外派的首领",虽任洋务局督办一职,却从未与各国领事有过会面,"对我国人一直抱有最偏狭的僻见"。④ 这一二分法自然有其合理的一面:日方的考察在本质上是尽可能多地掌握中方情报以维护本国利益,官员的政治倾向无疑对该国在华势力扩展有直接影响,尤其是在中外对立的特殊时节,其对于官员"排外"抑或"开明"便会格外敏感。然而过于简单化的评判难免有不尽不实之处。就被视为顽固派的鹿传霖而论,其人早在川督任上时,便曾在四川兴办中国西部近代第一所高等学校——四川中西学堂,入枢后亦多躬身

---

① Culture and Life, *The North-China Daily News*, 5ᵗʰ Mar, 1900, pg3.
② The Successor og Kang Yi, *The North-China Daily News*, 9ᵗʰ May, 1901, pg4. 按,当时确有传闻称鹿传霖是"刚毅之代表","刚死去,鹿代为顽固党之首领"(《鹿传霖之特质》,《新民丛报》汇编,1903年,第872页)。然鹿传霖与刚毅之间的关系,还需更多史料佐证,不可将鹿遽断为刚党。
③ 关于该事件的相关讨论,可参考拙文《"内政外交实相表里":从上海道台更易事件看庚子年政局》,《清史研究》2021年第5期。
④ 《一一七四 浙江巡抚更迭ニ付报告ノ件》(1900年11月27日),《日本外交文书》第三十三卷别册二《北清事变中》,第186页。

参与新政及涉外事务,其政治营垒实难一言以蔽之。① 其为人亦算刚直,时人谓其"一事不苟,一语不欺""公而忘私",②绝非尸位素餐者可比。即便是普遍不喜鹿传霖的外人中,亦有为其辩白者,称其在川督任上大搞西化,且对洋人友好,绝非仇外之人,并认为其北上勤王之举与阻止两宫回銮皆出自忠君爱国之心,不应过分指摘。③ 类似观点确可引人深思,刘坤一固然是洋务领袖,但是与其有利益冲突、甚或在具体事情上与其对垒的人,却未必就是洋务的反对者。

(三)"西狩"情报的形成及其利用价值

《事变》中的"西狩"情报其实为我们展现了一张堪称庞大的信息网络。就信息接收方而言,主要是日本驻各口岸的领事官及驻外公使。驻上海领事小田切万寿之助毫无疑问是这一时期最主要的情报收集者,此外尚有驻华公使西德二郎、驻英公使林董、驻天津政务局长内田康哉、驻福州领事丰岛拾松、驻杭州领事山崎桂、驻汉口领事濑川浅之进、驻香港领事加藤本四郎、驻芝罘领事田结铆三郎,以及驻华公使书记官中岛雄等。百川归海,驻外官员群体搜集到的各类情报,其最终的接收者是曾在此期间先后担任日本外相的青木周藏、加藤高明、小村寿太郎等人。

而信息的来源方相对来说较为驳杂,其中有中方的各级官员,不完全统计便有盛宣怀、李鸿章、刘坤一、福建布政使张曾敭、上海道台余联沅、广东巡抚德寿、两广总督陶模、陆军中将荫昌、清河道

---

① 参见曹峰:《鹿传霖研究》,硕士学位论文,河北大学历史学院,2010年。
② 《鹿传霖事迹》,徐凌霄、徐一士著:《凌霄一士随笔》上册,中华书局,2018年,第77页。
③ A Defence of Lu Chuan-Lin, *The North-China Daily News*, 14th May, 1901, pg4.

台等,基本以高级、中级官员为主;另外各地的普通中国人也常被日方用作打探消息的对象;宗方小太郎等潜伏中国多年的日本间谍也一直在替日方从事情报工作,这些均为信息来源的重要组成部分。除了具体的人之外,各地中外文报纸等传播媒介也是十分重要的信息渠道,小田切等人搜集到的不少情报均直接译自报纸中的相关报道。

而小田切、盛宣怀之所以分别成为日方情报搜集的主要信宿和信源,仍与战乱导致的信息阻滞有关。诚如前文所言,电报通讯在此次事变中受损较重,遂使上海成为全国仰赖的信息中转站,而作为执掌在沪电报总局的盛宣怀,自然要经手铺天盖地的电报讯息,正如汪熙所指出的:"代表清廷在北京议和的全权大臣奕劻和李鸿章,只有通过北京至大沽的陆上电线与由大沽至上海的海底电缆将议和进展情况通知盛宣怀,再由盛宣怀经由上海至西安的陆上电线传递给逃亡在西安的慈禧与光绪;而北京的议和代表又通过这一渠道得到慈禧等对议和条件审定的旨意。各省的将军、督抚,特别是像刘坤一、张之洞、袁世凯这一类有势力的封疆大吏,也都是通过盛宣怀以电讯与西安行在保持密切联系。在这期间,中国驻欧美日各国公使只有依靠了盛宣怀在上海的中转,才能及时得到西安行在的指示并向西安行在和清政府在北京议和代表报告各国政府的态度与动向,这些驻外公使自然也是通过盛宣怀与各疆吏之间互通消息、交换意见。"[①]若说当时清廷的"多角政治"已经显露端倪,则盛宣怀无疑可被视作"多角"势力的"黏合剂"。职是之故,与盛宣怀同在上海且关系殊密的小田切,便能渔翁得

[①] 汪熙:《主编前言》,陈旭麓等编:《盛宣怀档案资料》第2卷,第1页。

利,较诸其他驻华外交官有更为得天独厚的情报优势。

尽管在信息搜集、解读的过程中不免存在诸多史实讹误,但瑕不掩瑜,《事变》中关于"西狩"史事的记录、分析,仍有不可忽视的史料价值。一方面,这些记录为我们补充了许多在他处未见或并不多见的资料。比如以《庚子两宫蒙尘纪实》(又名《王文韶家书》)为名而广为人知、被收录于左舜生1933年编撰的《中国近百年史资料续编》的王文韶对其出京追扈经历的自述,①并未录入《王文韶日记》,其史源问题未曾被证明。按左氏所录,或来自阮式之《阮烈士遗稿》中所录"王文韶家书一通",其末略言家书来由,系"家君掌教赣榆时,从浙人洪某处得之而摘录者",②即浙人洪某有王文韶此文,阮式之父又从洪某处摘录。那么洪氏又是从何处而得?通过《事变》中的记录可知,此文早以"王文韶日记"之名于上海某报纸上全文刊载,并被小田切将全文译成日文,上报给青木周藏,时间是1900年10月2日,换言之,报纸登载日期还要早于10月2日(光绪二十六年闰八月初九日)。遗憾的是,笔者并未检出当年是何家报纸刊出的该文,但以该文系七月廿九日(8月23日)从山西大同(左舜生版本云系自宣化府寄出,应为正解,因此时王文韶尚未抵达大同)发出算起,间隔仅月余,刊出不可谓不速。小田切报告的末尾,提到该"日记"系王文韶寄给在浙江杭州的家人,③如此一来便可解释何以浙江洪氏处会录有该文。

还有一些十分稀见且值得留意的资料,譬如驻保定的清河道

---

① 王文韶:《庚子两宫蒙尘纪实》,左舜生编:《中国近百年史资料续编》,《民国丛书》第五编第66册,上海书店,1996年,第501—504页。
② 周实(阮式):《无尽庵遗集 外一种》,陕西人民出版社,2008年,第265页。
③ 《一一一四 清廷西迁情报ノ件》(1900年8月22日),《日本外交文书》第三十三卷别册二《北清事变中》,第107页。

台与王文韶之孙王彬孙有一次交谈，内容颇有涉及李鸿章、王文韶、荣禄、董福祥、孙万林等人之处，并谈及王文韶在"西狩"前力持反战言论，所述绘声绘色：

  清历五月廿三日（阳历6月19日），西太后及皇帝召集文武大臣早朝，讨论和战问题。多数守旧党人万口一音持主战论调，几无一人反对。太后虽知其非，然大势如此，也无可奈何。此时一直以来未掌实权、对于西太后政治决策未敢置喙的光绪皇帝竟憔然开口，称："现在中国之兵实难堪一战，因此断不能擅启战衅。"此时仅有被倚为中流砥柱的王文韶对皇上之意深表赞同。

  皇上径直走向王文韶之座，对其言曰："你无须忌惮，畅所欲言即可。"文韶于是奏道："以中国当前情势，与一国战尚胜败难料，何况目今八国格外强盛，与彼等作战，只有败算而无胜算，不如速速议和。"太后在王文韶身旁问道："汝既言和，当如何与外国言和？"文韶奏答："赔偿被毁坏之教堂，扶助被杀教民之家人，以及赔偿各外人之损失，若欲和便当如此；设若外国犹不欲谈和，则臣当不复言和。"太后立命文韶速至各国公使馆与之讲和，文韶对曰：如此难局，微臣难以独自料理，望能添派得力大臣参与其事。此时正值立山亦倡和议，遂派立山与文韶会办。立山系太后宠臣，文韶大悦。退朝后，二人于次日上午九时遍访各国使馆，会商和局，然而恰逢德使被杀之事，此议遂寝。①

  王彬孙所述乃祖强硬姿态实在与王文韶以往圆滑的"琉璃

---

① 《一一四二　清廷西迁事情ニ付王彬孙ノ谈话报告ノ件》（1900年9月27日），《日本外交文书》第三十三卷别册二《北清事变中》，第136—137页。

蛋"形象大相径庭,这对于我们考察庚子年间清廷大员的多维面相有不少帮助。彬孙口中王文韶的激昂陈词及两宫反应,均与许景澄、袁昶的经历极为相近,可知在京师沦陷、朝廷西迁的情境下,"主和"成了一种具有先见之明的"正确",因而王彬孙亦乐于将乃祖塑造成在战前就力主和议的公忠体国之臣。

其他诸如小田切与刘坤一的会谈记录、①内田康哉与李鸿章的会谈记录等,②均涉及重要史实及政治表态,值得细细品读。

另一方面,《事变》中的记录还帮我们丰富了"庚子西狩"这一晚清政治史中特殊事件的种种细节,比如随扈官员及留京官员各自的规模、所在衙署等;③再如西安行在的营造情形也有详细的记述,④甚至还有行派吴永、俞启元往东南大员处"坐催"粮饷的相关史料等,⑤后续通过与中文史料的互证互补,相信定能对"西狩"的内涵有更深层次的挖掘,碍于篇幅,他日再辟专章讨论。

此外,这批资料对于我们了解当时日本在华的情报信息系统、对华观念等,都有不小的裨助。束广就狭,在庚子事变的研究中,《事变》资料应有更充分的利用,同时也应说明,《日本外交文书》中的外交史料仅为体量巨大的日本近代外交资料中的冰山一角,

---

① 《二二七九 回銮情报ニ关シ刘坤一ト会谈ノ件》(1901年2月15日),《日本外交文书》第三十三卷别册二《北清事变下》,第801页。
② 《一一四八 元凶处罚上谕发布ノ事情及庆、荣两委员任务等ニ付李鸿章谈话ノ件》(1900年10月3日),《日本外交文书》第三十三卷别册二《北清事变中》,第146页。
③ 《一一三四 清廷扈从并ニ滞京官吏任命上谕报告ノ件》(1900年9月17日),《日本外交文书》第三十三卷别册二《北清事变中》,第125—129页。
④ 《二二八七 西安行在所ノ状况情报ノ件》(1901年5月8日),《日本外交文书》第三十三卷别册二《北清事变下》,第810—811页。
⑤ 《一一六四 贡赋上纳方ニ关シ南京へ官吏派遣说ニ付刘坤一ヨリ来电ノ件》(1900年11月12日),《日本外交文书》第三十三卷别册二《北清事变中》,第175页。

除外务省的相关资料外,日本国立公文书馆、防卫省等机构中尚有部分庚子事变及"西狩"的相关史料有待进一步发掘。

二、《庚子西行记事》

该种资料的作者署名唐晏(1857—1920),系民国后所改。此前名为震钧,大概更为人所知。《清史稿》对其人介绍极简:

> 震钧,字在廷,改名唐晏,瓜尔佳氏。有《渤海国志》《天咫偶闻》。[1]

寥寥数语,仅勾勒出唐晏的民族及代表作,然于其生平并未揭橥。事实上,唐晏确无太多政治上的表现,因此留下的记录极少。目前所知,唐晏祖籍率宾(今乌苏里江流域及绥芬河流域一带),故《西行记事》作者署名为"率宾唐晏",其先祖于清军入关后便定居北京。唐晏生于清咸丰七年丁巳(1857),卒于民国九年(1920)。其父英杰曾担任过扬州知府,其本人则于光绪己丑年(1889)中举,曾任甘泉知县。庚子之后,曾任江苏江都知县,宣统二年(1910)曾执教于京师大学堂,不久又到江宁将军铁良幕府,并任江宁八旗学堂总办。辛亥革命以后,改名易字,移居江南。其所遗著作有《庚子西行记事》《渤海国志》《两汉三国学案》《八旗诗媛小传》《洛阳伽蓝记钩沉》《八旗人著述存目》《陆子新语校注》《香奁集发微》《国朝书人辑略》《天咫偶闻》等10种。[2]《天咫偶闻》是其中流传最广的一种。该书是唐晏这一"老北京"撰写的

---

[1] 《清史稿》卷四八六《震钧传》。
[2] 参考杨钟羲:《学桥诗话余集》卷八《出版说明》,震钧著,顾平旦点校:《天咫偶闻》,北京古籍出版社,1982年。

清代北京风土掌故杂记,按地区分卷,分记北京皇宫、官廨、大臣府第、园林、寺庙及诸名胜建置沿革与景观,并夹述相关掌故风俗,是了解北京历史文化难以忽视的著述。

本书收录的《庚子西行记事》虽在流传度与影响力上稍逊《天咫偶闻》,但同样有其值得关注之处。唐晏生活的年代正值清末风雨飘摇之际,其一生虽曾历经庚申(1860)、甲申(1884)、甲午(1894)、庚子(1900)、辛亥(1911)等巨变,然其真正留下集中记录的,仅有《西行记事》一部,足见其体悟之深刻。庚子年五月时,京师已渐入乱局,京官纷纷走避,唐晏也因朋友荐为宣化府怀安县文昌书院讲席,而借机出京西走,一路经河北而至山西、陕西,在太原、西安行在都留下了足迹,故能目睹庚子事变及"西狩"这些重大历史事件,并将其见闻与随想逐日记录,遂成《西行记事》一书。该书记事起于光绪二十六年三月唐晏自江南返京,迄于光绪二十七年三月抵达南京。作为庚子事变的亲历者,唐晏在《记事》中留下了许多有趣的记述,这些记述也因日记体的书写形式而凸显了第一视角的"临场感",即如刘承幹序言中所言:"见闻所及,上自王公巨卿,下采闾井细故,旁及山游水涉,令读者如置身其间。"[①]譬如书中对义和团民的装饰、武器均有记录,唐晏曾亲睹京师义和团民:

> 忽来义和拳一队,约三十人,皆十余龄之童子也,以绛帕裹首,腰亦束红布,执刀矛之属,兵士见之,起立致敬,如奉明神,至则叩门而入,绝无阻之者。

而至张家口,团民装束又有不同:

---

① 刘承幹:《序》,唐晏:《庚子西行记事》。

是地,义和拳皆以黄布裹首,旗帜尚黄,自云"乾字团"也,其用红者乃"坎字团"。

唐晏还曾目睹京师银锭桥、西四牌楼两所教堂被焚毁的情状:

亲睹其火银锭桥教堂,又睹其火西四牌楼教堂,火皆不少外延,栋柱之属,尽向内倒。观者如堵,皆大呼,以助火势,而邻近之屋,亦安堵不惊,家家焚香于门外,大抵其杀人放火也,谓之行善,而助之焚者,谓之助善。且其人过庙则稽首,入肆买物则起手问讯,如僧人状,盖合吃斋念佛、杀人放火为一事矣。归途,于阜城门街见义和拳一队驱妇女十余出城,据路人云乃二毛子之家眷,将于城外杀之也,津人名教民为二毛子。

当时京中乱象可见一斑。书中对义和团运动的记述尚多,团民勇战外敌、捣毁西什库教堂,以及山西等地义和团的活动等史事均被涵盖,提供了许多正面描述这一事件的重要资料。此外,对于联军入京后的劫掠、京官逃离京城、溃兵劫掠地方等情形均有丰富描写。至于本书的主旨——"西狩",也提供了篇幅不小的内容。五月二十日时,唐晏就听闻"西幸之议甚确""顺天府已备车辆,以待自用",而在朝旨称呼团民为"义民"后,"是议乃罢"。直到七月二十六日,已身在怀安的唐晏方知"西狩"已正式开启,且"驾已出至宣化"。驾抵怀安时的面貌,唐晏详记如下:

太后及御舆皆用蓝色轿,从有驮轿二乘以载物,闻系贯什(市)李光裕所献,盖出京时本乘骡车,至贯什,光裕乃进驮轿,至宣化道府,各以轿进,驾始御轿。随扈者为端王、庄王、澜公、王相国文韶、刚相国毅、溥尚书兴、赵尚书舒翘、英侍郎年、芬都统车、岑方伯春煊,司员中唯军机章京三二人,它京官之出者极少。至晚,御膳甫上,厨房即为众太监抢掠一空,诸

> 王大臣至于竟夜不得食,闻因索费不遂之故,国势至此,此辈尚敢如此横行,无怪其不可为矣。
>
> ……
>
> 余于宫门外,见内监传旨,令市蓝洋布八尺、饭单一方、帐子一顶。驾之出也,一物未携,但衣绸衫一件,至岔道,夜寒无被,以椅垫为卧具。至怀来,怀来县令献衣一箱。至宣化,献衣者渐多,然用物犹未备也。时岑西林方伯已授行营大臣兼内务府大臣,便服手马鞭立行宫外,而诸大臣亦皆便服顶帽,行李萧条。王相国以高年经此,闻出京时,昼伏禾黍丛中,夜间向人家觅食,如是者数昼夜,始得出居庸关,至此颜色甚憔悴矣。

对于扈从的岑春煊、马玉昆、马金叙、万本华诸军的军容风纪,亦多有揭露,如论及马玉昆军劫掠民众,一如盗匪:

> 初四日,马玉昆兵至,其军尚整,然以买马料不得,向店中搜索,得之,临行出一纸,令店主人自到县署取钱,此或以无饷之故,然近于掠矣。初五日,齐某兵至,队伍尤不整,军士亦不靖。此数日间,城中虽安堵,而城外被劫者极多,各军止于不杀人而已,而横加掳掠有甚于贼。其住宿多在人家,且有淫及妇女者,民之畏兵如盗贼也。驾去后,怀安遂闭城不开者半月,日见逃军掠城而过,亦有扣门求入者,告以旅店在西门外,城中无卖物者,或不肯去,必登城谕之,始去。然凡来者,均捆载充盈,无空手者,亦有以车载妇女者。

对于太原、西安两行在的情形、衙署官员办公环境、两宫的生活起居等都有相当具体的描写,比如对于西安行在,书中写道:

> 时抚臣修总督署为行宫,门柱改朱漆,牌坊画以云龙,驾

至,嫌其不敷,改住抚署(俗名北院)。六部堂官至者,多住贡院,遂以贡院为六部公所,司官则各住会馆,或赁屋而居。百官皆便服,戴顶帽,着靴而已。然官来者不多,遂至以笔帖式掌印,小京官主稿,或一人兼几司事。沿街京官车马往来,已有京师气象,且公退后多聚于食肆,京语满座。然而向之每日给银三两者,至此改为一两。而各省均筹款寄京,以津贴京员,故赴行在者无多人。逮后改为由行在放缺,而京官又集行在。按京城制度,各官皆乘车,去仪仗,惟巡抚行执金吾事,乘轿,从骑有兵数人。

有趣的是,唐晏虽未随扈"西狩",其西行具备较高的自主性,然其自北京至西安的跋涉路线(德胜门—沙河—居庸关—岔道—鸡鸣山—宣化—张家口—胡家屯—怀安县—天镇—大同—怀仁—广武—雁门关—代州—崞县—忻口—石岭关—太原—太谷—徐沟—祁县—平遥—介休—灵石—韩侯岭—霍州—赵城—洪洞—平阳—侯马—蒲州—潼关—华州—敷水—临潼—西安)与"西狩"的线路重合度较高,读者可借唐晏之目侧面了解两宫沿途的见闻。

对于一些人所共知的事件,该书也多能提供较为可信的佐证。比如"克林德事件",一般认为是恩海率部巡逻时,路遇克林德之轿,本欲射之,然克林德率先放枪,恩海回击,遂致克林德毙命。而唐晏听到的说法,在细节上则与该说多有出入:

及至汉口,已三月初矣。于汉镇遇皖人钱君者,总理衙门供事也,谈虎神营兵恩某杀德使克林德事甚悉,云方武卫军之抢掠也,袁京卿爽秋之居在二条胡同,与之邻,惧而移居于东华门内,并乞兵于端邸以为卫,端邸以二十兵往。及迁也,经过奥国使馆,拳匪正攻使馆,兵亦开枪助之。时克林德将往总署,乘舆至此,舆人闻枪弃之而去,兵见舆之委于路也,怪之,往视,见克大呼曰:"此中尚有洋人!"克见兵来,亟发手枪,兵亦回枪击之,一发而殪。时克之引马已至总署,告知此事。总署遣人往,已无及矣。钱言此事,历历盖出于目睹云。

以亲历者的视角传达的信息,足可聊备一说。若事实如此,则克林德之死确为偶发事件,所谓"清廷暗杀说"并站不住脚。

事实上,唐晏此书的史料价值,并不局限在政治史,同时也是一部清末西北的社会史、文化史长卷。纵观全篇,此书可以视为各类庚子事变纪实材料中最接近"游记"的一种。透过《天咫偶闻》已可见唐晏对于刻画风土人情的兴趣,而在《记事》中,伴随着见证者、记录者唐晏的步履不停,直隶、山西、陕西的名山大川与社会文化也以一种令人目不暇接的形式呼之欲出。比如,作为怀安文昌书院的讲习,唐晏对书院的建制有所描述,由是可窥晚清书院文化之一端:

> 六月初一日,诸生来谒,问其所学,大约时文止知八铭,塾钞诗止于养云山馆,其能读古文,析义七家诗,尚不多也。书院每月三课,一官课,二馆课。官课由县尹主之,馆课则山长事也。县尹张君晋之,名良遐,河南光州人。监院徐君雁题,名名甲,邑拔贡。到院,例供饮馔三日。十一日开课,照例衣冠升座,诸生领卷而退。是日,县署具酒筵一席,凡此皆前令邹君在东所创,刻碑于讲堂下。院本文昌宫,故仍其名曰文昌书院。

对各地民俗、物产,唐晏有极大兴趣,譬如对怀安物产,唐晏便多有评述:

> 所幸百物皆贱,易于养生,所出者则小米最为上品,粒大

而香迥异他处。大米难得,富家皆搀和大小米为饭,名二米饭。菜则有回子白菜,形回如球,肉肥而硬,然价不过数文钱一枚。山药豆极巨,即南方之番薯,每斤三文。胡萝卜大倍于常,每斤一文。小麦极少,皆食油面,如麦面而有油,若以和麦面作饼,可无须加油。无麻油、菜油之类,而有苏油,其味极异,外方人多不能食之。羊皮袄价止一金,又有草百茎丛生,至老则枯劲可缚为帚。果则止有瓜枣之属,余者皆无之。酒筵以江瑶柱为上品,海菜及鸭鱼未之见也。

似此类不厌其详的记录,书中比比皆是。居潼关时,唐晏敏锐观察到该地妇女着装尚存唐韵元风:

岁朝无聊,偕友人游市。此地妇女盛服归宁,其装束仿佛周昉画仕女图,于云肩之下垂飘带四,条长及地,项圈金锁制度颇古,头上一物,珠翠环绕,则类无双谱所画武曌像,此盖唐代宫装,今未之改。然平日则衣饰极陋,首饰以琥珀为最贵。按《至正直记》,元代禁珠玉,民间不得用之,所用者惟琥珀耳。今它省此禁久弛,而西方尚沿旧俗,妇女衣服或多左衽,即衣肆所陈,亦多左衽之服,竟不知所始,或自金元以来有之,然今日蒙古人却不如此,何也?

当然,风土人情的记载,只是作者游历访古的副产品。全书中更多充斥着作者游玩时的所记所想,记录了诸多名山古迹在庚子年间的真实面貌,试举大同府为例:

至大同府,地居纥干山之下,山环水抱,气象雄阔,城垣崇隆,楼橹雄丽,有都城气象。余行经大城数矣,殆无以逾之者。由东门入住鼓楼下高升店,东门内有岳鄂王庙,不知何人建。此城凡三鼓楼,皆绝高,楼下皆有牌坊,正中鼓楼,直南有牌坊四,街衢宽阔,名四牌楼,亦与北京之四牌楼相仿。百货所萃,南货如橙橘之属,亦有之。四牌楼之东,有金代皇宫旧地,琉璃九龙影壁,完好无恙,与大内宁寿宫者无异。余登城以眺,见城西街有佛殿竿然,檐宇四垂,制度甚古,如唐宋人画上所见。趋而就之,榜为下华严寺。入门,则中为龙尾,道高丈余,两旁石阑直抵大殿。殿凡五楹,皆以砖石砌成,圈门以代户牖,与金陵霸谷寺无梁殿制同式,而殿之顶,黄瓦四注,全类古图画,后世工人不能为也。其中佛像威仪具足,三世佛各据莲花,莲花之下又围以曲阑,极雕镂之巧。僧房数十楹,列于龙尾。道之两旁,皆低小屋,顶才及殿阶,与北京麻噶剌庙正相似,他方所无也。仍有上华严寺,去此里余,闻已颓废。

唐晏游历并非一味怀古,而多参酌经典,申论考证。譬如行至平阳,便依据《水经注》考辨遗迹:

由平阳而北,地皆在岭上,行人不知也,及将至平阳,山势陡开,南见平地,始悟连日皆行天半。是日,大雪阴霾蔽空,万山积素作银色,车行于峰峦纡曲中,大好"洪谷子雪栈图"一幅。于时已曛,宿西关内。平阳古名平水,元代手民所聚,今传有平水板印本书籍,盖始于耶律楚材,事见《元史》。自遭兵燹,至今未复,零落如村坞。城中有苍颉造字台,城北藐姑射山神人虽不可见,然山特秀丽,岚翠扑人。又有士师村,乃皋陶生处。去城不数里,又有羊獬村,帝尧时羊生獬廌处。城南十里,有尧舜禹庙,凡三庙相次自东而西,《水经注》所云汾水东原上有小台,台上有尧神屋石碑,应即此地。在元魏为平阳县,今县废而庙存,相传古之平阳本在此,今城为刘聪所迁。

按平阳之为郡,始于元魏,此或然也。

以上只是草举该书内容中的数个方面,较诸书中涵盖的全部内容,十不及一。除却内容上的丰富,作者的族群属性,也使该书颇为特殊。唐晏作为旗人,是"始祖于天命二年归朝,以二等侍卫事太祖、太宗,扈跸入关,定鼎京师"的功臣之后,身处国家巨变之中,面对清王朝的倾颓,实有更为复杂的情绪。在分析庚子事变的原因时,唐晏认为"举天下而付之一掷",并非"民之顽也",而是"知上之未可恃,遂仓皇一试",朝廷失信于民,"民乃始轻朝廷",将批判的矛头对准了清廷统治者,而非诿过于义和团及臣民,这一认识在当时殊为难得。书末,唐晏意味深长地慨叹:

然而庚子往矣,尚有未往者,在人心之变,亦将百端,天意所极,终归一致,是又非浅见所能测矣。

这无疑表达了对清朝命运的担忧,其在《天咫偶闻》中所言"追溯旧事,正不异玉堂天上之嗟。呜呼!昔日之笑歌,所以酿今朝之血泪也",实为相互映照,异曲同工。

该资料最早于1919年由近代著名藏书刻书家刘承幹的"南林刘氏求恕斋"刊刻,收录于其主编的《求恕斋丛书》中。1963年,上海古籍书店对《求恕斋丛书》重新影印,该资料亦在其列。另有1984年文物出版社(北京)、1989年新文丰出版公司(台北)、[①]1993年巴蜀书社等影印版。[②] 此外,广文书局(台北)于1967年曾以《庚子西行记——慈禧太后西行始末》为名出版点校本。尽管众多版本琳琅满目,然最为中国学界熟知的仍是20世纪50年代

---

① 收录在王德毅等主编的《丛书集成续编》第280卷中。
② 收录在《中国野史集成》中。

问世的《中国近代史资料丛刊·义和团》第3册中的节录校本。该版本点校质量上佳,惟收录内容全以研究义和团运动为目标,因此原文中与义和团没有直接关联的部分被尽数删减,大大削弱了原作展现西北社会风貌的游记性质。有鉴于此,本书依据1919年求恕斋刻本进行整理点校,并以全豹呈现,以更好发挥该资料在政治史领域以外的史料价值。

三、《回銮大事记》与《西巡回銮始末记》

由于这两种资料主题接近,故归并一处来介绍。

《回銮大事记》的作者署名为"长谷川雄太郎",《西巡回銮始末记》的作者则分别署名为"日本横滨吉田良太郎"与"八咏楼主人",即从书面来看,两书均有日本人参与编撰,然实情却未必。中国历史研究社所编《庚子国变记》中收录有《回銮始末记》的部分内容,编者在序言中声称:"《西巡回銮始末记》原来的署名本是日本横滨吉田良太郎口译,大清吴郡咏楼主人笔述,但是这无疑地都是托名,不消说,为的是当时'触犯'的缘故。"① 郭道平进一步引申,推断《回銮始末记》作者"吉田良太郎"并无其人,大概是另一作者"八咏楼主人"的冒署,系为避免因书中直录时事及时评而触怒清廷,故假托日人之名来规避风险。比如李希圣亦曾托名"小山重信"撰写《庚子传信录》,南方自立会中人士亦多取一日名,如林圭名西河圭介、唐才常名田野民治、汪镕名金容四郎等,以保障安全。② 对于这一

---

① 《序言》,中国历史研究社编:《庚子国变记》,上海书店,1982年,第11页。
② 郭道平:《关于〈庚子国变弹词〉的资料来源》,《南京师范大学文学院学报》2011年12月第4期,第132—133页。按,该文认为《拳匪纪事》的作者"佐原笃介"亦是中国人托名,似并不确切,佐原笃介乃实有其人。

观点,笔者表示认同,"吉田良太郎"确难查证其人,且资料内容本为中文,日本人又如何将其再度"口译"为中文?实在让人费解,故可以判断此名为托名。但《国变记》序言中将"八咏楼主人"也视为托名,则稍显武断。吉辰已经指出,"八咏楼主人"是出身浙江吴兴、①常居上海的一名文人,甚至可能还是盛宣怀所设华盛纱厂的一名职员。②

在此基础上,笔者进一步考证出其人的真实姓名。1887年10月8日的《申报》上登载了一封名为《恭祝王老伯母黄太孺人五十大庆录请诸大今坛雅政》的贺词,署名为"娄江八咏楼主式卿沈家模",而娄江本与"吴郡"指代同一地域,即今江苏苏州一带。《字林沪报》1891年12月13日第7版中登载了两首诗文,第一首题为《舟中书怀寄呈醉红楼主周烺甫八咏主人沈式卿并乞正和》,第二首则题为《题醉红楼主人周烺甫吟友红楼梦图画》,作者署名"八咏楼主沈家模",沈家模正是沈式卿,则"八咏楼主""八咏主人""娄江八咏楼主"实为同一人,结合地域,其与"吴郡八咏楼主人"也应是同一人。《申报》1882年9月19日登载的上海敬业书院录取名单中亦有沈家模之名,若非同名,则可知其人至迟在1880年代初就已居沪就学。综上,《始末记》的作者"八咏楼主人",应当为名为沈家模、字式卿的江苏旅沪文人,只是其人生平事迹,尚有待更多资料的发现。

至于《大事记》的作者"长谷川雄太郎"是否托名,尚难以判断,但可以肯定的是,当时旅华日人中确有一位长谷川雄太郎。这

---

① 应为江苏吴郡,而非浙江吴兴。
② 吉辰:《庚子事变中的鹿传霖——兼论若干大吏间的人事纠葛》,《中国国家博物馆馆刊》2020年第11期,第91页。

位长谷川曾于1888年赴上海,入岸田吟香所经营的上海乐善堂学习汉语,研究中国问题,搜集中国情报。甲午战争前,曾收集中国军备、军事情报,与七里恭三郎共同编写了《清国军备总览》[(日)嵩山房,1894年],以供日本当局参考。1894年经福岛安正推荐,入参谋本部。1895年任陆军翻译官,参与过甲午战争。① 光绪二十三年,由于对日、俄两国外交的急切需要,总理衙门咨请广东同文馆在英文之外添设俄文、东文两馆,每馆从八旗子弟中挑选学生三十名,于当年二月十六日开馆,俄文由赫德代聘德人乐满福、日文则由出使日本大臣裕庚代聘长谷川分别任教习。② 在广州期间,长谷川开始编写《日语入门》一书,1900年由广州同文书馆出版,对于中国人学习日语有重要推广作用,之后薛理琛主编的《东语文法提纲》,夏宗禹、姜鸿宾编的《东语课程》对该书都多有借鉴。③

长谷山在庚子年的动向,目前未有更多资料可以佐证。然可知的是,在1899年,日本陶瓷专家加藤助三郎来华考察时,还在广州与长谷川见面;④1902年,在广州将军寿荫与两广总督陶模请求给广东同文馆期满学生考试给奖的奏折中,提到"当经饬委该馆提调协领刘绍基,会同英文教习申玛士、俄文教习萨泽畿、东文教习长谷川雄太郎,于三馆学生内择其平日好学、能通各习三国语言文字者,送名应考",可知此时长谷川仍在广州,只是难以推断1899年至1902年之间,长谷川是否一直在华,这或许将成为判断《大事

---

① 「通訳官長谷川雄太郎発　大本営副官部宛　通訳官藤崎通訳官遺骨は如何なりしや」JACAR(アジア歴史資料センター)Ref.C06061051400、明治28年自4月18日至5月2日「着電綴(十二)」(防衛省防衛研究所)。
② 苏精:《清季同文馆及其师生》,福建教育出版社,2018年,第108页。
③ 郭秀文:《清代广州与西洋文明》,汕头大学出版社,2006年,第143—146页。
④ 《清国巡视日记》,Journal of the Ceramic Association, Japan,1901 Volume 10 Issue 112 142-151,第146页。

记》是否是其编写的重要依据。

《大事记》与《始末记》两书均为六卷本,前者在时间范围上主要锁定回銮阶段,而后者则涵盖了"西狩—回銮"的全程。《大事记》卷一、卷三为奏折和上谕,录之甚详;卷二则以日排比,详述两宫自西安起驾至抵京之间的一路行止,对回銮的活动、排场都有很详细的收录;卷四详述地方官办理迎銮大差的规制,保留了大量珍贵的史料;卷五为论说,收集时论,在相当程度上能反映当时社会上广泛的自强雪耻的意愿,亦不乏对清廷政治的针砭时弊,还有一些纯粹的史料性质的内容,比如醇亲王载沣在沪上的考察活动、经元善与港督的对话等;第六卷则主要收录回銮期间的典故。《始末记》的内容更为丰富,包括事变的兴起、端王等顽固群体的事迹、王公大臣在北京所受联军的侮辱、全权大臣与各国的谈判细节、京城及地方义和团运动、两宫西狩实况、行在政局变动、东三省失守情形等,在资料上收录了不少中外文牍、说帖、密电、密函等。整体而论,这两种资料都是研究义和团运动的重要参考资料,一定程度上可以弥补正史档案记载之不足,因其资料来源主要来自各类报纸,其利用也需考辨。论者已经指出,《始末记》大量利用了《中外日报》的报道,而经笔者考察,《大事记》则主要依托《申报》《新闻报》的内容。

《大事记》最早由上海三乐书屋于1902年发行石印本,即为本书所利用的底本。其中第一卷为上谕、第三卷为奏折,并不稀见,故仅录其余四卷。其中卷二、卷四曾以《回銮日记及杂记》之名录于《中国近代史资料丛刊·义和团》第3册中。《始末记》最早有光绪二十八年(1902)石印本,出版机构不详,经论者考证,该书出版的前一年,上海书局曾石印出版《西巡大事本末记》一书,作者亦署名吉田良太郎和八咏楼主人,且内容也基本相同,据此可推测

《始末记》是《本末记》的坊间盗印本。《始末记》后收入《中国内乱外祸历史丛书》。1951年,神州国光社改丛书名为《中国历史研究资料丛书》,本书与其他两本反映义和团运动的野史《庚子国变记》《拳变余闻》编为一本,定名为《庚子国变记》。另有1993年巴蜀书社出版《中国野史集成》影印本。

四、《长安宫词》

有关《长安宫词》作者胡延生平的记载并不多见,粤人汪兆镛在其《棱窗杂记》中曾有较为完整的叙述:

> 胡延,宇研孙,华阳人,工词,兼善摹印,仿汉法。光绪十一年优贡生……丙戌(光绪十二年)相晤都下,谈艺甚乐。嗣分发山西,历署剧邑。庚子秋,车驾蒙尘,扈跸至陕西,供奉内廷,擢知西安府,撰《长安宫词》数十首,于行在颁闻,记载綦详。升江南粮储道,曾贻书招余,有诗云:"江南春雨长安月,剪烛深谭傥肯来。"余倦游未赴也。未几交卸,归舟遭风,覆溺以殁,书画辎重均失,惨哉!君词绮丽绵密,远追竹屋、梅溪,近迈梦窗、白石,有《芯刍馆词》四卷,已刊行。

由此可知胡延是四川华阳人,工词善刻,文气斐然,曾在山西做过县令,"庚子西狩"时随扈至陕西,擢为西安知府,《长安宫词》即记述其扈跸行在期间的所见所闻。之后又被授为粮储道,卸任后于行舟中失事,溺水而亡。只是该记载将"江安粮储道"误作"江南粮储道",且忽视了在庚子前胡延已经是候补知府。[①] 通过

[①] 《清德宗景皇帝实录》卷四四六,光绪二十五年六月。

《宫词》中的记述，胡延于光绪二十六年十一月在西安被授为西安知府，同时充任行在内廷支应局提调，负责行在开支事宜，可见慈禧对其之倚重。胡延还曾得慈禧面赐"御笔画兰折扇"一柄，"背面题七绝五首"，圣眷可谓隆盛，之后被升为江安粮储道亦是对其嘉赏之举。胡延在庚子前后之际遇，与另一位县令——怀来知县吴永颇有相类之处，均是通过随扈而得以仕进，且都留有亲历"西狩"的相关记录，为后世保留下重要的史料。只是后者所口述《庚子西狩丛谈》系回忆录性质的文本，且成书时（1928）距庚子已近30年，内容与史实势必多有出入，而《宫词》在文体上采用了传统的"宫词体"，虽是诗歌，然每首诗后均有详细注解，且其出版于1902年，距所叙史事不及两载，其真实性绝不输于传播更广的《西狩丛谈》。

《宫词》共有纪事诗100首，俱为七言绝句，内容起于庚子年八月两宫下诏巡幸西安、陕抚端方布置行宫，止于辛丑年九月胡延离开行在、赶赴新任，一年中的见闻几乎事无巨细，俱被收录，所涉范围极广，难以概论，然若择其精要，以如下几类最为值得关注。

首先是对行在情形的披露，主要包括营造行宫、政务处理、两宫生活起居等带有明显"因地制宜"或"因陋就简"特色的内容。比如诗中对两宫办理政务有如下描写：

览奏临窗耐晓寒，暂移日影上花兰。监奴长跪从臣立，仿佛仪鸾殿里看。两圣展间览奏章，俱在寝宫窗下。奏事太监呈折讫，即跪于案前。延等有事入内，辄立于窗外。

撤馔频闻步履声，挑灯夜夜绕廊行。重门听下黄金钥，俺直归来恰二更。慈圣晚膳后，必在寝宫前后巡行一周，然后阖门。宫监谓之"绕弯"。延等闻下筦钥，即归休矣。

出纳丝纶仗老身,手擎黄匣往来频。六曹三院诸司吏,都作奎章阁下人。旧制:内廷设内外奏事官,外奏事以满部员充之,内奏事则太监也。行宫无外奏事,惟内奏事辛太监一人,递折宣旨,往来两宫间。各部院司员领批折者,悉集前殿东室,而军机大臣内直庐亦假此室。延辈直内廷者,俟枢臣去后,亦憩息于兹。辛丑夏间,都中外奏事官始至行在。

阅至此处,政务处理的流程立刻栩栩如生,非亲历者难以知悉如此内情。另外,《宫词》对两宫在西安的日常用度、服饰器物等方面有所记录自不待言,然一些往往被忽视的极为生活化的细节在诗中也有鲜活展现,比如光绪的理发问题:

镜镊经旬整御容,侍香昨夜返金童。近臣逸乐天颜喜,不复殷勤觅剃工。圣驾出巡十日,剃发宫监执此役者均未从行。届日,特命侍郎溥兴觅工,出入由侍郎带领,每请发一次,赏工银四两。辛西安半年后,内监擅此艺者始自都来行在。

第二类值得措意的内容是对行在一些政治活动的记述。时逢陕西大旱,两宫对此格外关注,实行了不少赈济措施,诗文中也有展现:

减税蠲租恤曩灾,兴元重下诏书哀。二千石要知民隐,取汝曾为县尹来。两圣深以秦中灾荒为念,问延官山西时曾否从事赈抚。延奏山西壬辰年,北路被灾,曾随护抚臣胡聘之筹办急赈。慈圣云,胡聘之为京卿时派办畿辅赈务,甚为尽心。谕延到任后务以赈事为重。且云:"汝历官剧县,必能周知民隐,所以特简首郡者,正以此耳。"

百万哀鸿泣路歧,九重连日沛恩施。炊烟浓处朝曦上,正是城中饭熟时。秦中苦饥,远近饥民聚于长安。两圣命于城关增设粥厂二十余所,就食者日恒十数万人。苟非圣驾在此,邻省赴籴者多,断乎无此财力。

> 朝来积雪正柴门,鹑结争趋祇树园。共喜万间开广厦,寺名真合号慈恩。慈圣又命抚臣于城关创设暖厂十余所。城外雁塔寺斋舍较多,饥民就抚者倍于他厂。

对于当时谈判的一大焦点——"惩凶"。诗中亦有关照:

> 独驾柴车出建章,黄云陇首望新疆。可怜十万横磨剑,只胜临歧泪两行。两圣至长安后,谴责肇祸诸臣,命下之日,延诣澜公英年、赵舒翘行馆宣诏,亲率缇骑逮英、赵二人入狱。次日,复以官车遣澜公就道。澜公以宗室近支,得从议亲之条,发遣新疆。

再如回銮的布置与排场等,诗中有大量展现,略举一例:

> 石铫砖铲听煮茶,行厨唯恐食单奢。鸳浆麟脯都无用,只载城西水一车。延七月杪奉命勘视东路行宫跸路。慈圣谕饬各州县官,不得妄事供张,一切务从俭约,早晚两膳仍依传单备进,由膳房烹饪。惟去秋西幸,沿途井水味劣,此次命汲本地山泉,以供御茗。临潼无山泉,特自长安载酉关井水一车,足一日之用,渭南以下皆有山泉,不复用西关水矣。

第三类则是对行在随扈诸人的正面描写。涉及的人物包括端方、岑春煊、荣禄、溥伦、缪素筠等,亦算是贡献了人物研究所需的史料。比如在庚子年尚未崭露头角的贝子溥伦,在胡延诗中展现了其风雅一面:

> 日暮陈宫失应刘,淮南鸡犬亦荒陬。翩翩凤翙延鸿阁,此是天潢第一流。近支王公随扈者惟贝子溥伦,每晨必至行宫。贝子凝重清淑,性尤好文,宗室令器也。行宫前殿西室为王公及禁卫武员直庐,东室则军机大臣及延等待诏处,贝子喜近文士,恒自西而东。尝见其所书小楷,极似天瓶,又见所作《胡蝶诗》四律,亦清隽可诵。贝子自号"延鸿阁主人"。

对于行在礼制习俗的展现,可以归为第四类内容。因为随侍

行在的缘故,原本只是地方知县的胡延得以目睹宫廷生活,故而对制度森严的宫中礼节与节庆俗例记载甚详,比如记传膳太监事:

> 涤盏传杯早暮趋,玉阶簇簇拥宫奴。有人昨夜新承宠,缀上冠头一颗珠。两宫传膳内监十数人,来往传递杯盘,极为严肃。供此役者,冠皆无珠,盖新进无秩者也。间有供奉勤慎者,超出侪辈,冠始有珠矣。

再如记元旦朝拜事:

> 金貂簇簇紫茸翻,鹓鹭分行静不喧。平日宫廷能造膝,朝班却在二重门。辛丑元日,百官诣行宫朝贺。皇上御前殿正坐,王公班在阶上,枢臣及各部院秩一品者在阶下,侍郎以下各官皆在二门外。延等平日供奉在寝宫阶上跪安,此日序班则远在大门内宫门外矣。

若将胡延的《宫词》置于同时期的文学创作环境中加以考察,不难发现这是一系列以庚子事变为主题的"诗史"当中的一部,同类题材的诗歌还有丁立诚的《王风题笺》、胡思敬的《驴背集》、蒋廷黻的《麻鞋纪行诗存》《随扈纪行诗存》,以及龙顾山人郭则沄的《庚子诗鉴》等,在分析《宫词》的创作背景时,理应将上述作品纳入比较范畴,并重视庚子事变对晚清士人群体精神世界的冲击。

《宫词》最早的版本是光绪二十八年(1902)刻本,1913年及1917年上海扫叶山房推出石印本,1917年又被收录在小横香室主人编的《清朝野史大观》一书中(上海:中华书局),1923年四川《壁经堂丛书》第二集、1939年北京古吴邓氏五石斋邓之诚辑《旧闻零拾》4种中也都收录了《宫词》。[①] 1949年后,《宫词》被先后收

[①] 邓之诚辑录版本之底本为其弟子周一良于市面上得来。"予于厂肆得此书刊本,呈文如师阅之,遂以付印。一九八八年十二月一良捡出记之,逾五十年矣。"《周一良读书题记》,海豚出版社,2012年,第134页。

录在各家宫词汇编而成的《清宫词》(北京古籍出版社,1986年)及《丛书集成续编》第28册影印本(上海书店出版社,1994年)之中。本书呈现的版本系以中国国家图书馆藏光绪壬寅夏五月刻本为底本整理点校而成。

五、《西巡大事记》

《西巡大事记》的作者王彦威(1843—1904),浙江黄岩(今台州)人,同治庚午年举人,历任工部主事、员外郎,军机章京,方略、会典二馆纂修,江南道监察御史,太常寺少卿。"庚子西狩"时,以军机章京身份,一路随扈两宫至西安。[1] 著有《清季外交史料》《道咸同光四朝筹办洋务大略》《清朝掌故》《清朝大典》《枢垣笔记》《史汉校勘记》《秋灯课诗屋图记》《藜庵丛稿》等书,其中又以《外交史料》(与其子王亮合辑)影响最为巨大,而《大事记》便出自其中。

先是王彦威在军机处任职期间,考虑到道、咸、同三朝均有官修的《筹办夷务始末》,而光绪一朝洋务外交要事繁多,却并无类似史籍,故发愿将光绪朝史料"辑而存之",[2]"内外政事凡遇章奏靡不综核原委,其有关军国大计、中外邦交者,每手自甄录以备实用,积岁所得,都巨册百数十",名曰《筹办洋务始末记》(或曰《光绪朝外交史料》《光绪朝洋务始末记》)。其中抄存留中不发之奏折不少,以至"为档册所无者泰半"。[3] 由于王彦威于光绪三十年

---

[1] 邵瑞彭:《清太常寺卿黄岩王公彀夫家传》,《清季外交史料》卷首。
[2] 王彦威:《自序》,《清季外交史料》卷首。
[3] 邵瑞彭:《清太常寺卿黄岩王公彀夫家传》,《清季外交史料》卷首。

便身故,故而其所编光绪外交资料的年份也仅至该年而止。之后其子王亮子承父志,①在王彦威手稿基础上,将"其无关交涉者概未列入",将遗漏之处"博采增补",遂成182卷。继而"续辑光绪季年至宣统三年之史料",连同卷首又得53卷。此外,又将王彦威庚子时期的随扈见闻另外编为《西巡大事记》12卷,又编《史料索引》12卷,《外交年鉴》4卷,均纳入集中。② 构成了体量接近300卷、内容涵盖光绪、宣统两朝的《清季外交史料》这一部皇皇巨编。正如蒋廷黻所言,这部史料与《筹办夷务始末》相较,最大的不同便是《夷务始末》是以政府人力、财力编成的"官书",而前者则是凝聚了王氏父子二人数十年的心力。③ 胡适更是将该书的编成誉为近代史学界搜罗史料活动中的"第九件大事",可知其重要意义。④ 其中收录的条约、上谕、奏折、照会、咨文,时至今日,仍是晚清政治外交史研究者不可或缺的史料宝库。

作为《外交史料》别册的《西巡大事记》,成形于庚子事变时期。顾名思义,该资料其实是王彦威在"西狩"时"随扈长安,奔驰驿路"期间所撰写,⑤时间起于光绪二十六年七月两宫由北京启銮之日,迄于光绪二十七年十一月回京之日,内容中既有对庚子史事的记录,也有对"行在所办之政务及外交文件"包括奏折、上谕、电报等的抄录,包罗极广。

---

① 王亮(1881—1966),字希隐,浙江黄岩人,近代著名外交家、学者。本为王彦威之侄,后过继为子。毕业于京师大学堂和南京陆师学堂。历任晚清"陆军部员外郎""国务秘书""驻秘鲁嘉里约领事"。民国后又历任"北京国民政府外交委员会科长""外交部约委员""南京国民政府民食救济委员会委员""社会救济事业协会理事长"等。
② 王彦威:《自序》,《清季外交史料》卷首。
③ 蒋廷黻:《蒋序》,《清季外交史料》卷首。
④ 胡适:《胡序》,《清季外交史料》卷首。
⑤ 王彦威:《蘩盦老人家书》,《西巡大事记》卷首。

该资料尚为王彦威手稿时,名为《庚辛纪事》,凡 4 册,现存于北京大学图书馆。王亮将其重新整理编目为 12 卷。卷首是用专题的方式描述了庚子事变史事的几个面相,包括"蓺盦老人(即王彦威)家书""'拳匪'纪事""大臣祸国""杀戮忠良""两宫西巡""津沽及东省失守""联军入京""惩办祸首""中外议和""行在纪事"等 10 个部分,虽然并非完全按照时间顺序排布,亦未必面面俱到,但也足够展现事变的始末。从第二卷起,该资料开始按日记载两宫西逃事,"以日月为经,以事实为纬",①对沿途情形多有刻画,并用各类政务文件来记录当日的军政大事等。因此《大事记》的主体部分实际采用的是日记体的形式,与《外交史料》的其余部分凿枘不入,难以划一,故而索性单独列出。

限于篇幅,本书并未将《大事记》全本收入,而是仅整理了卷首。如前所述,卷首是《大事记》最特殊的一部分:一方面,其并非采用日记体,而是用自述或第三者叙事的方式展开;另一方面,这部分是结合作者自身的经历和体悟,来阐释庚子事变的经过,并非如其余各卷着重展示当时当日的上谕、奏折等文件。之所以要特设如此一卷放置首位,乃因"一路之行行止止,当年之见见闻闻",必须"另刊纪事,附载篇首",才能使读者"了然于变乱之后先、议和之颠末"。② 因作者身在枢垣,亲与机要,其见闻应颇为可靠。

胡适在阅过《大事记》后,得出结论:"他这十二卷的编制方法,可以看出他的主要兴趣全在材料的保存。"③该书成书的 20 世纪 30 年代,正是近代史料大发现的时代,素来主张"细心搜求史

---

① 《西巡大事记序》,《西巡大事记》卷首。
② 王彦威:《蓺盦老人家书》,《西巡大事记》卷首。
③ 胡适:《胡序》,《清季外交史料》卷首。

料"的胡适关注点在于史料本身,无可厚非。然而《外交史料》抑或《大事记》的推出,并非止步于保存史料,终究有鉴于往事、资于治道的"经世"关怀,正如王彦威本人说的:"凡此绎络电音,敢作烟云之过眼? 惟冀笃生勇士,共洗铁戟之沉沙。"期望来者一洗前耻而奋起直追,才是鹄的所在。

本书选用的底本为1935年由外交史料编纂处发行的《清季外交史料》铅印本,在整理过程中对部分错字有所订正。

以上便是本书收录的几种史料的大致情况。在此要特别感谢复旦大学戴海斌教授、山东大学张圣东博士在资料的搜集、翻译、整理方面提供的帮助;也要感谢中国社会科学院近代史研究所薛轶群副研究员、复旦大学博士研究生王艺朝组织的"复旦大学历史系日本文献读书班",在班上的学习交流对于我识读日本近代官方文书大有裨益。囿于整理者的学力,错讹之处恐难以避免,还望方家不吝指正。最后,借用胡适称赞《清季外交史料》作者王彦威的话,来略表整理者对唐晏、王彦威、胡延、八咏楼主人等几位史料生成者、保存者的敬意:

在那国家危亡之际,流离困顿之中,他还有那样的细心苦功,为后世史家掇拾那些很容易散失的文献。这种精神,这种远见,都是最可以使我们追思敬礼的。①

郑泽民

---

① 胡适:《胡序》,《清季外交史料》卷首。

日本外交文书·北清事变选译

日本外务省 编纂　郑泽民 译

事项一〇　清国官场情报及宫廷西迁

一〇六七　6月9日　驻上海代理总领事小田切〔万寿之助〕致外务大臣青木〔周藏〕
各省官府所收有关剿抚团匪方法上谕之报告及暴动情形通知办法之禀陈文件
公信第157号，6月14日接受

　　此次义和团蜂起，至今所闻种种事件实属不少，已与在中国北部各使、领馆的报告一同持续上呈，想必尊处已接到。因与本馆远隔之故，其说常常难以一一确认，亦有未及向尊处一一报告之处。附件是七日颁布的上谕，其中可资参考之事不少，是以欲尽快将来自北京公使馆的报告上呈。所幸本日尚有邮船运输，兹凭之将情报差出，故能请尊处查阅。此次事件无疑对于本地商业及航运业产生很大影响，对于此际中国北方团民纷乱的其他状况我处希望能够详细了解。因此，中国北部各使、领馆就此事发出的每封电报我们都恳请能够迅速转发。此前我们从北方各馆获取的电报极少，仅凭一两次电报，难以知悉其详情。不得已，向尊处禀报。
外务大臣　青木周藏子爵阁下
　　　　　　　　驻上海代理总领事　小田切万寿之助(印)
　　　　　　　　　　　　　　　　　明治三十三年六月九日

附属书　光绪二十六年五月十日公历6月6日上谕抄件

上谕电传。本馆昨日接奉京师飞电传来上谕一道,谨敬译登。

五月初十日公历6月6日奉上谕,各国传教中国,历有年所。该教士无非劝人为善,而教民等亦从无恃教滋事,故而民教均各相安,各行其道。近来各省教堂林立,教民繁多,遂有不逞之徒混迹其间,教士亦难遍查优劣,而该匪徒借入教为名,欺压平民,武断乡里,谅亦非该教士所愿。至义和拳匪在嘉庆年间外曾例禁,近因其练艺保身,守护乡里,并未滋生事端,是以特降谕旨,饬令各地方官妥为弹压,无论其会不会,但论其匪不匪,如有借端滋事,极应严拿惩办。是教民拳民皆为国家赤子,朝廷一视同仁,不分教会。即有民教因案涉讼,亦曾谕令各地方官持平办理,乃近来各府厅州县积习相沿,因循玩愒,平时既未能联率教士,又不能体恤民情,遇有民教涉讼,未能悉心考实,妥为办理,致使积习已深,民教互仇,遂有团匪以仇教为名,倡立团会,再有奸民会匪附入其中,借端滋扰,折毁铁路,焚烧教堂,至铁路原系国家所造,教堂亦系教士、教民所居,岂得任令焚毁,是该团匪直与国家为难,实出情理之外。昨已简派顺天府尹兼军机大臣赵舒翘前往宣宁晓谕该团民等,应即遵奉,一齐解散,各安生业。倘有奸民会匪从中怂恿煽惑,希图扰害地方,该团即行交出首要,按律惩办,若再执迷不悟,即系乱民,一经大兵剿办,势必父母妻子离散,家败身亡,仍负不忠不义之名,后悔何及。朝廷深为吾民惜也,经此次宣谕之后,如仍不悛改,即着大学士荣禄分饬董福祥、宋庆、马玉昆等督率所部,实力剿捕,仍不分别首从、解散胁从为要。至派出队伍原所以卫民,近闻直隶所派之军不但未能保护弹压,且有骚扰地方情事,即着直隶总督裕禄严行查办,并着荣禄派员查访,倘有不肖营哨各官,不能严束勇丁,即以军法从事，决不宽贷，此旨即着分别誊黄，遍行晓谕，军民人等一体知之，钦此。①

一〇六八　6月12日　外务大臣青木致驻俄国公使小村〔寿太郎〕及日本驻欧美各国公使电报
关于形势紧迫及清政府态度之通知文件
小村，
　　　彼得堡。
39.
　　自我6月6日关于中国暴动的电报发出之后，已经呈现出更加严峻的局面。

　　落伐村和通州城遭到蹂躏，北京城墙外的一座俄罗斯小教堂被叛乱分子烧毁。聂将军手下的政府军队在6月6日与暴乱者发生了冲突，据报道，有数百人丧生。然而，叛乱分子似乎仍在进行破坏性的活动，并威胁北京和天津。

　　天津的外国人聚居地受到主要大国的联合力量的保护，而开往北京的进一步支队大约1 000人在6月10日离开天津，但现在尚不能确定他们所在。总理衙门的无力和它无法履行恢复平静的承诺已经变得显而易见，外交使团在他们6月10日的会议上做出了这样的决议：向驻扎大沽的各中队指挥官发出电报："北京的准封锁状态存在，执行命令的时间如我6月8日电报结尾部分所述已经到来。"附加条件是，如果在6月10日下午2点之前有一些重新调查的事实，则此电报不予发送。从6月10日下午起，天津与北京

---

① 其后为该上谕的日译文，此处不表。

之间的电报通信已中断,未收到进一步的报告。关于义和团的动机和中国朝廷及政府对他们的态度,驻清公使已经在6月8日发出如下电报:

上面的"在清公使来电的第45号全文"供您参考。通知所有欧洲和美国使团。

青木
1900年6月12日

一〇六九　6月13日　驻天津郑〔永昌〕领事致外务大臣青木电报
关于任命端郡王等守旧派为总理衙门大臣之情报文件

6月13日午前8时50分发,午后10时10分收

外务大臣青木:

从英国驻天津领事处得知端郡王、徐桐及溥兴都是满洲人被任命为总理衙门大臣的消息。此三人向以顽固守旧派著称,这次人事更迭被认为是事态益非的表现,此时廖寿恒已辞职。

一〇七〇　6月15日　驻天津郑领事致外务大臣青木电报
西太后致直隶总督关于阻止各国军队登陆方法之上谕文件

6月15日发,16日收

外务大臣青木:

第10号

西太后给直隶总督下达的内部敕令如下:

西太后密谕北洋通商大臣,将天津镇守军队派往大沽,作为聂提督后应,豫备战务,迅速阻止各国士兵登陆。

一〇七一　6月19日　驻上海代理总领事小田切致外务大臣青木直隶总督更迭风闻情报之文件

公信第165号,6月25日接收

　　根据昨18日收到的电报及报告,两广总督李鸿章此次应会急忙北上,或是因奉有谕旨之故。今日更据确实消息所称,两三日之内,李鸿章便会乘坐自香港出发之汽船,北上入京。其此次入京,明显与北方的暴乱有关,至于入京后将被授予何职,尚未确定。尽管如此,清廷欲再借此老之手腕折冲困局之意,当不容置疑,是以若得以转为总理衙门大臣或军机大臣等要职,也是完全有可能之事。据本日上海英文报纸的报道,北洋大臣兼直隶总督裕禄允许其治下团民暴乱横行,此次吏部已决定对其以降职议处,而由李鸿章代替裕禄担任直隶总督兼北洋大臣。又闻裕禄自数十日前起,就抱持义和团有害于国而必须扑灭之论,这是下官的确闻,或是因有事掣肘,遂未能落实其意,以至迁延至今。根据此前之电禀,其曾与刘坤一、张之洞共同讨论,并有上奏之举,孰料其辖区突然发生骚乱,因此便被问罪,清政府在时机威迫之际,常会诿过于他人,这是一种卑怯的常用手段,裕禄也因此陷入了十分可悯的处境。

　　敬具以上报告呈览。

外务大臣　青木周藏子爵阁下

　　　　　　　　　驻上海代理总领事　小田切万寿之助(印)

　　　　　　　　　明治三十三年六月十九日

一〇七二　6月23日　驻上海代理总领事小田切致外务大臣青木电召各督抚上谕及徐桐上奏有关援助匪徒方法之文件

公信第183号,6月28日接收

本日发行的中文报纸上刊登了本月十五日颁布的上谕：

李鸿章着迅速来京,两广总督着德寿兼署,袁世凯着酌带所部,迅速来京,如胶澳地方紧要,该抚不克分身,着拣派得力将领,统带来京,此旨着裕禄分别转电李鸿章、袁世凯,毋稍迟误,由六百里加紧谕令知之。

另外,两江总督刘坤一上奏朝廷的电报照录如下：

刚、赵抚匪,取结易（抑）洋,洋兵麇集都下,危在旦夕,祖宗创业艰难,无端毁坏,当国者不得辞其咎,宜幡然改计,冀可转危为安云云。

另外,根据北京刊发的通信,在义和团起事的时候,皇太后曾经召见诸大臣,垂询对待团匪的剿、抚之策。出席的大臣均无定见,只有徐桐进言称团民乃扶清灭洋的义民,屡次表示不应将其剿灭,皇太后最终表示同意。另外团匪中有一个叫李来中的统领,是陕西人,在这次暴动的时候,曾靠着董福祥的周旋,两次前往拜见皇太后。

敬具上述报告,供尊处参考。

外务大臣　青木周藏子爵阁下

　　　　　　　驻上海代理总领事　小田切万寿之助（印）

　　　　　　　　　　　　　　　明治三十三年六月廿三日

一〇七三　6月28日　驻上海代理总领事小田切致外务大臣青木杉山〔彬〕书记生遭难及有关镇抚团匪上谕之文件

公信第192号,7月5日接收

从今日发行的中文报纸上看到清廷颁布的上谕,已将其摘录并放入附件,以供您参考查阅。敬具。

外务大臣　青木周藏子爵阁下

　　　　驻上海代理总领事　小田切万寿之助（印）

　　　　　明治三十三年六月廿八日

附属书　清廷皇帝上谕抄件

（一）

　　本馆接奉电音：昨日午后由直隶保定府飞电传来上谕三道，敬谨译登。

　　五月十七日公历6月13日奉上谕，十五日，永定外有日本书记官杉山彬被匪徒戕害之事，闻之实深惋惜。各国人员在京，本应随时保护。现在匪徒蜂起，尤宜加意严防。迭经谕令各地方官严肃巡缉，妥为保护，奚止三令五申，乃辇毂之下，竟有日本书记官被害之事。该地方文武既未能先事预防，凶犯亦未经拿获，实属不成事体。着各该衙门上紧勒限严拿凶犯，务获惩办。如逾期不获，定即严行究惩，钦此。

（二）

　　同日奉上谕。近来畿辅一带拳匪滋事，扰及京城地面，迭经明降谕旨晓谕解散，并饬令京营及近畿各军分投妥为弹压。乃近日焚杀之案仍复层见叠出，奸匪造作谣言，以仇教为名，扰及良善，于朝廷禁令视若弁髦，无论结党横行戕杀有据，即使伪托良民冀伸义愤，试问自来立国之道，果有纵容乱民借以自固者乎？况现经察访，拳民结党，实有游勇会匪羼杂其间，肆行抢劫。昨谕令刚毅、赵舒翘等前赴良乡、涿州等处宣布朝廷德意，各处安分拳民业已具结拆棚，安心解散，足见各处焚杀之案显系奸匪所为。朝廷但论其滋事与否，以为良莠之别。此等匪徒，亟应严加剿办，不容再事姑息。着宋庆督饬马玉昆克日带队驰赴近京一带，沿途实力剿捕，仍以严拿首犯,解散胁从为要义。至派出各营,务宜严申纪律,不准借端滋扰,以清奸宄而安良善。将此通谕知之。钦此。

十九日公历 6 月 15 日奉上谕,昨因拳匪滋扰京城,曾谕令步军统领衙门严拿首要,认真梭巡,前拿获造言生事喧哗惑众之犯,业经交刑部正法,乃昨日夜间城内各处焚烧如旧,且有奸宄从中煽惑,竟敢明目张胆,沿途喊杀,持械寻仇,致有杀害情事。官兵任其猖獗,城门由其出入,人心一夕数惊,居民不得安业,辇毂之下,扰乱至此,若再不严行惩办,为祸不堪设想。著步军统领严饬各地面官兵,并着神机营、虎神营各派马步队伍,并添派武卫中军弁兵,会同弹压,加意梭巡,遇有持械喊杀之犯,立即拿获,送交提督衙门,即行正法。勒限将首要各犯,迅即严拿,不准再事姑息。其仅止附和胁从等犯,应饬立刻解散,其城内设立坛棚,应尽行拆去,并派载瀛、奕劻、溥良、载卓巡查街巷,遇有队伍缉捕不力,随时稽查参办,至各城门启闭出入,尤宜加意慎重,著派崇勋、载沣、普深、伊立布、克蒙额、英信、松鹤、色普、征额、德云分往九门稽查启闭出入。九城以外,著五城御史一体认真查办,责成中城御史陈璧倡率办理,并着派庆亲王奕劻、端郡王载漪、贝勒载濂、大学士荣禄督饬派出各员,及马步各营,并地方文武,实力遵行。如有疏懈贻误,即行据实严参,钦此。

一〇七四 6 月 29 日 驻上海代理总领事小田切致外务大臣青木电报
从盛宣怀处得来有关恳请阻止朝廷西迁之报告文件
收电第 831 号之抄件
6 月 29 日午后 2 时 9 分发,午后 10 时 20 分收外务大臣青木：

盛宣怀极秘密地向本官开陈：

北京之形势日变，董福祥之势力愈强，朝廷亦难以将其镇压，太后、皇上只能依从董福祥与刚毅之劝诱，离京西迁。事若至此，天下必乱，秩序恐难于短期内恢复。故望贵国于派遣军队赴京之时，并能另遣一队人马直赴保定府一带，以阻止两宫出行。

一〇七五　6月30日　驻上海代理总领事小田切致外务大臣青木电报
荣禄就上奏镇压匪徒及与各国会商电致刘、张及王之春等人之情报文件
青木外务大臣：

6月26日，荣禄从保定府向刘坤一、张之洞、王之春和其他总督发送了电报，日本陆军教官安庆①将该电报的抄本送来，其要领如下：

荣禄屡次向西太后及皇帝上奏，建议采取必要的措施镇压义和团，并劝告与列国公使进行交涉，以达成缔结友好协定的目的。然而两宫的侍从、亲王、阁臣及其他高官中的多数满洲人几乎都对义和团怀有同情，因此两宫无论如何都不会接受前述劝告。加之眼下在京诸军中的士卒大多由义和团民组成。尽管形势如此恶劣，荣禄仍希望与列国公使进行会商。公使们本欲在指定时日赴总理衙门会商，孰料德国公使竟在当日被神机营士兵枪杀，于是事态愈加严重，已经难以寄希望于之前提到的友好

---

① 原文"安庆"两字后有（?）标注。

协定。

以上内容属于绝密。

参阅一一八九文书

一〇七六　7月1日　驻上海代理总领事小田切致外务大臣青木电报

有关清廷西迁及俄军动向之情报文件

7月1日午后4时20分发,7时30分收

青木外务大臣：

盛宣怀在6月30日夜间来访,透露了荣禄发给他的电报的要领,内容除德国公使被杀事件与在下6月30日的电文相同以外。据盛氏所言,为了使北京政府了解南方的现状,刘坤一、张之洞及李鸿章已经向皇帝上书,表达了为与各国敦睦友好,已与各国领事签署了协定,而其上书的目的在于避免类似对海外各国宣战的诏书的颁发,且这几位总督明确表示了将以强硬手段反对这类诏敕的态度。又据盛宣怀相告,有实力的中国高官十分担心北方形势的逐渐变化会导致刚毅、董福祥一派杀掉荣禄,且太后和皇帝会向西部迁移;此外又提到我军应在俄军或他国军队之前先行追踪董福祥等人并将其击破,以保卫皇室,关于这一点,本官仰乞我国政府格外注意。

一〇七七　7月2日　驻上海代理总领事小田切致外务大臣青木电报

有关嘉奖匪徒及防御外敌之皇帝上谕文件

7月2日午前11时36分发,午后2时50分收青木外务大臣：

第1号（抄件）

6月25日，有发布下述谕旨的消息传来：

各国与我国开战以来，我军多得义和团援助，在天津击退联军，此诚应赞赏。朕深信我国百姓之中不乏忠勇如团民者，各督抚总应多多招募，以为防御外敌之策，凡于国家有用者，便无须质疑。汝等应体察朕意，速将适当办法具折奏闻，云云。①

后略，采录五〇四号文书《关于维持南清秩序协定公文交换方法的禀申文件》。

一〇七八　7月4日　驻上海代理总领事小田切致外务大臣青木电报
关于密敕李、刘、张三总督征集兵员及军资之报告文件

7月4日午后8时45分发，7月5日午前3时40分收

青木外务大臣：

第15号

本官在6月25日及26日收到两通密谕的相关附件，其意义、文字与本官在电信第1号报告的谕旨相较，可谓大异其趣。根据以上密谕，仅命令李鸿章、张之洞及刘坤一等为应对这一事变，需征集士兵、军粮，对于外国应采取何种手段却未置一语。据通晓世情的中国官吏所称，以上才是出自两宫本意的谕旨，其他则均系端

---

① 此日译文所本应为五月廿五日上谕一道，但又略有不同，现将上谕原文录于此：现在中外已开战衅，直隶、天津地方，义和团会同官军助剿获胜，业经降旨嘉奖。此等义民，所在皆有，各省督抚如能招集成团，借御外侮，必能得力。如何办法，迅速复奏。沿江沿海各省尤宜急办，将此由六百里加紧通谕知之。钦此。见中国第一历史档案馆编：《光绪朝上谕档》第26册，广西师范大学出版社，2009年，第140页。

郡王所发。

一〇九二　7月19日　驻上海代理总领事小田切致外务大臣青木电报
关于山西巡抚带兵进发及守旧派官员准备西迁之情报文件
7月19日午后10时30分发，7月20日午前2时25分收
外务大臣青木：
第68号

盛宣怀将以下情报告知本官：

第一，袁世凯发来电报称最近数日间将有一名使差自北京而来。

第二，山西巡抚率领若干兵力，向直隶省境内进军，应该是为与两宫在西迁途中会合。

第三，据保定府发来的电报，端郡王、刚毅及董福祥应会根据天津形势而为西行之举做好必要的准备。如今天津既已被联军占领，彼等理应已有所准备。

河南、湖南、江西以及浙江的局势，此后没有任何重要的报道，唯温州近日引发骚乱的结果是身为满人的该府知事被闽浙总督命令离职。

一〇九七　7月28日　外务大臣青木致驻沪代理总领事小田切电报
西太后銮舆播迁一说是否确实之咨询文件
7月28日发
驻沪小田切领事：

驻福州领事①根据张布政使所接张之洞的电报,称西太后已播迁九隆,是否属实,请调查后复电。

一〇九八　7月29日　驻上海代理总领事小田切致外务大臣青木电报
对于垂询西太后銮舆播迁一说确实与否之回复电报
7月29日发,7月30日收
外务大臣青木:
无号
　　关于尊处7月28日所发涉及西太后的电报,本官未获得驻福州领事电报中所涉相关事项的情报,但所称西太后播迁所至的"九隆"究系何处,实在无人知晓,尚待进一步调查上禀。

一一〇五　8月6日　驻上海代理总领事小田切致外务大臣青木电报
西太后播迁宣化府一说之报告文件
8月6日午后5时41分发,午后8时20分收
第148号
　　根据当地中国人的风传,西太后及其随扈者已离开北京,向陕西省进发,目前已经到达直隶宣化府。然而根据清国官员的说法,若要向西部进发,自然理应走经保定、正定及山西五台县,再到陕西省的路线,所以这一传言并未被证实。
　　待进一步咨询后再电禀。

---

① 丰岛舍松,1899—1903年间首任日本驻福州专职领事、厦门领事。

一一〇八　8月13日　驻上海代理总领事小田切致外务大臣青木电报
李鸿章等人关于谏止西迁之上奏文件
8月13日午后12时6分发,午后3时收
外务大臣青木:
第167号

从相对可靠的信息来源处得知,李鸿章与其他数名大臣向皇帝上书,称无论事态如何发展,两宫留在北京对于大清的安定是极为紧要之事,若两宫真离京播迁,即使相信会万无一失。势必产生与国家休戚相关的重大影响,是以特上此奏折。这份上书是在8月12日以电报形式发往北方的。

以上内容属于机密。

一一〇九　8月15日　在天津特派驻华公使加藤〔增雄〕及驻天津郑领事致外务大臣青木电报
西太后西迁太原府一说之报告文件
8月15日午前3时30分收
外务大臣青木:

西太后多半欲赴山西省太原府躲避。

一一一〇　8月15日　驻上海代理总领事小田切致外务大臣青木电报
重臣之间对西迁与否发生意见对立之情报文件
8月15日午后5时7分发,午后7时20分收
外务大臣青木:

第 180 号

据袁世凯接自北京的信件云,关于皇室可否西迁存在争议,端郡王、刚毅等支持西迁,庆王、荣禄等则持反对态度。这一消息是为通知李鸿章而电告本地,属机密内容。

———— 8月18日 驻上海代理总领事小田切致外务大臣青木电报
清廷播迁山西五台县之情报文件
(一)
8月18日午后5时57分发,午后11时着收
外务大臣青木:
第 192 号

根据盛宣怀对本官所述,8月12日有军机章京"京"是"兵"字之误。① 若干人手持写有"奉旨随扈"字样的旗子,经过卢沟桥。且8月14日在给鹿传霖等南方督抚的电报中有将军饷统运山西的相关语句,由此可知两宫若两宫并非一道出发,则至少有西太后。自北京出发,经保定府向山西省五台县进发的情报是足以得到印证的。然而,由于8月13日曾确实发布过一道上谕,因此即便存在以上皇室出走的事情,推测也应发生在13日之后。

另有可靠信息透露,端郡王在西太后的随行之列,庆亲王、荣禄及刚毅则留守北京。
参照第一四六号文书。
(二)
8月18日午后10时27分发,8月19日午前3时20分收

---

① 原文此注反而改是成非,清代并无"军机章兵"一职。

第 193 号

据说两宫系八月十五日自京城出发,经由紫荆关,前往山西省五台县,但尚未接到确报。

一一三 8月20日 驻上海代理总领事小田切致外务大臣青木电报
有关清廷进退之情报文件

(一)

8月20日下午5时5分发,8月21日上午8时收

外务大臣青木:

第 197 号

李鸿章如今从身在保定府的中国官吏处获取以下电信:

依照西太后之命,徐用仪、立山及联元在8月11日被处斩,荣禄也将遭受同样的处分,之后应当会有将其下刑部大狱的命令。8月13日,皇帝及西太后两陛下在董福祥所率军队的护卫下离开京城,路经涿州、易州及紫荆关,前往五台山。另外,有旨命令端郡王、庄郡王与刚毅、徐桐及崇绮一同留守北京,两宫还任命刚毅为武卫军的总指挥官。

以上电文公布之时,请将李鸿章的名字删除。

(二)

8月20日下午9时20分发,21日上午8时收

外务大臣青木:

第 199 号

关于本官第197号电信,根据盛宣怀于8月16日自保定发来的电信称,尽管西太后已经迁居京外,皇帝依然决定驻跸北京。然

而盛宣怀所言与两宫及大阿哥、显宦同行的相关报道大相抵牾,两种说法均不足采信。

一一一四　8月22日　驻上海代理总领事小田切致外务大臣青木电报
清廷西迁情报文件

8月22日午后11时20分收

第205号抄件

　　西太后、皇帝及诸大臣在董福祥麾下三千名士兵的护卫下,于8月11日左右从北京逃走,推测其目的地为陕西省西安府。

附记1

公信第325号,9月4日发,9月13日收

关于清国皇太后皇帝西迁的相关文件

　　清国皇太后及皇帝等人在联军入京之前便已出城,此事属实。至于出京的时日,有多种说法,何者为真尚未察知。据最近某中国报纸的记载,某京官在距北京八里的地带遇到一名相熟的太监,便向其询问两宫之所在。该太监称,两宫是于8月15日上午5时从西直门出发,经万寿山向西北进发,当时随从的车辆仅不过二十辆,内监、宫女等人多为步行随从。又据某报纸刊载的西安府来电,此次随扈两宫的王大臣有端郡王、庄郡王、庆亲王、刚毅、赵舒翘及正黄旗副都统载泽、神机营查操正蓝旗副都统、信勇公定昌、汉军镶黄旗副都统溥伦、户部左侍郎英年等人,礼亲王世铎、恭亲王溥伟以及王文韶等人之名并未在该电报中列出。又据另一报纸所报,李鸿章、刘坤一、张之洞等人联名发送的、主张两宫不必急于西迁的奏折在8月16日到达北京,然而当时两宫已在西迁途中,

未能及时得见该奏文。另外,本日发行的《新闻报》中记载,昨夜自山西省侯马得来电报,称两宫已平安抵达太原府,并直接以巡抚衙门充当行宫。某报纸上还称宋庆于8月27日自保定府启程奔赴山西,鹿传霖也自山东赶往该地。

以上便是中国报纸中有关清国皇太后、皇帝西迁的报道译文,虽然不可断言其真实性,但无疑多少具备一定参考价值,兹敬具以向尊处报告。

外务大臣　青木周藏子爵阁下

　　　　　　　驻沪代理总领事　小田切万寿之助(印)

　　　　　　　　　　　　　　明治三十三年九月四日

附记2

公信第371号,10月2日发,10月10日收

王文韶日记中有关清廷西迁状况内容之翻译文件

如今正随同清国皇太后及皇帝到达山西太原府的大学士王文韶,其逃离北京城前后的日记在上海某报纸上登载,根据该日记,足以了解皇太后及皇帝出京之际及其后的情况,以下将其译出:

七月二十一日,太后皇上均坐车出京,行至贯石地名,始由向光裕驼行孝敬驼轿三乘,皇上与伦贝子同坐一乘。至怀来县,二尹备大轿一乘。宣化县又备轿四顶,两宫皇后、大阿哥,始均有轿子。两宫均是便衣,太后穿蓝布夏衫,亦不梳头,皇上穿黑纱长衫,黑布战裙一条,铺盖行李,一概未带。出京三日,均睡火炕,无被无褥,无替换衣服,亦无饭吃,以小米粥充饥。至怀来、宣化,始由地方官络绎进奉,稍觉舒服。此次妃嫔及宫女等,均未带出,太监亦不多,诸王贝勒等随行者亦不多。其余一概未

来,礼王、荣相、启秀等人,亦尚未来。所有随行者,不过端王、庆王、那王、肃王、伦贝子、㯩贝子,及公爷几位而已。堂官有刚、赵、英、王、溥兴五人,各部院司员共有一二人,满小军机二人,汉小军机一人,神机虎神营八旗练军约千余人,马玉昆保驾及各营官弁兵丁约千余名,各兵到一处,空一处,因铺户均已闭门逃走,实在无处买物,亦无怪其然耳。

先时七月十一二日,裕帅由北仓兵败退扎杨村,又退至蔡村,裕帅用手枪自尽。李鉴帅十四日抵河西务,所统张春发、陈泽霖两军,不战自溃,鉴帅亦服毒自尽。洋兵进逼通州,十六日即有西巡之旨,因车辆不齐,迟迟未行,至十九晚,城外大炮隆隆不绝。二十早,我所居喜雀胡同一带,炮声渐近,炮子如雨。下午炮声尤甚,忽传天安门及西安门失守,然不能得真消息。我在内值宿未归,禁门已严扃不能出入,至念一早七点钟时,我坐小轿进城,始知两宫已黎明出城矣。

我于上日即二十日共召见五次,亥刻见面,仅刚赵二人,太后云,只剩尔等三人在此,其余均各自回家去,丢我母子二人不管,尔三人务须随驾同行。并谕我,汝年纪太大,尚要汝吃此辛苦,我心不安,汝可随后赶来。刚、赵素能骑马,必须随驾同行。我复奏云:臣必赶来。皇上亦云:汝务必要来云云。至夜半,犹说不即走,岂知天甫微明,两宫已仓促出宫,狼狈凄惨情形,不堪言状。

是日,我进城内,因后门、东华门均不开,不能回宅,并知两宫出德胜门,我遂于巳刻冲出后门,至灵鹫庵中小憩。庵在安定、德胜门之间,庵中和尚亦极急。缘洋兵进城,逢庙必烧,以庙中皆设义和团也。其时安定门至德胜门城上,均有洋兵教民来往放枪,街上亦有洋兵。据闻洋兵进城,只杀溃兵,居民铺户并不惊动,和尚万不肯留。不得已,暂避隔壁韩姓家。系旗人充内务府役。车夫轿夫,各自逃命,至下午,闻西直门尚开,可以行走,遂将车马一切物件,一概丢在韩姓家,只带银钱并随身替换衣服,候至天黑,随众出城。由德胜门十三海一带行走,近戛戛胡同,天复下雨,乃至景宅借住一宿。其时城内枪炮之声已停,但见后门外满天火光,通宵不绝。

至寅初,探知西直门已开,洋兵未来,华兵已逃,无人盘问,逃难之人不少。我本拟坐车出城,沿途有兵勇抢车、抢牲口以致车马等。令刘弁等押出城外,几被抢去,我与次子均步行,出西直门至大桥外始坐轿车,次子骑驴,所带仅存五六人,均步行。跑至海甸,饭铺已闭,勉强一饭,饭后即行,行七十里,至贯石住夜。廿三日行四十五里,至居庸关住宿。廿四日行八里,至怀来县,始知两宫先于廿三日到此驻跸一日,故此赶到之后即见面。

廿五日起,即随驾同行,五十里至河城住,廿六日行四十里,至鸡鸣驿住。二十七日行六十里,至宣化府城住。二十八、九、三十等日休息三日,拟初一日启跸往山西大同府,至山西省城,大约须中秋后也。此次出京,危险已极,沿途居民铺户,均被溃兵以随驾为名,其时驾尚未出。纷纷西行,抢劫至室室皆空。及圣驾驻跸之时,万骑千乘,强买强取,更不堪寓目。迨圣驾既过之后,靡有孑遗矣。[1]

以上系八月二十三日自山西大同府发出,该日记系寄给其在浙江杭州的家人的,内容应该接近真实情况。

----

[1] 原书系采用日译文,内容与佐原笃介《拳乱纪闻》中"西巡某大员手书照录"(中国史学会主编:《中国近代史资料丛刊·义和团》第 1 册,上海人民出版社,2000 年,第 183—185 页)一致,故在此处谨将《纪闻》中内容照录。

敬具以上报告，供尊处参考。

外务大臣　青木周藏子爵阁下

　　　　驻沪代理总领事　小田切万寿之助（印）

　　　　明治三十三年十月二日

一一一五　8月23日　中岛〔雄〕书记官文稿 归国途中
关于议和前景及清廷行幸五台山所在山西一带情势之推测

关于清廷有否任命全权大臣及巡幸五台的推测：

　　联军包围北京城之际，城中的主战派既担心内部的奸细，又被情绪所驱使而变得很强硬，想要对各国公使采取行动，这成为人们普遍担忧的事情。仰赖忠勇的军官、士兵们展开的激烈战斗，终于得到了公使以下均平安无事的消息。这对于联军各国的意义自不待言，即便对清廷而言，也是值得庆贺的。这之后，自应将议和谈判作为善后方略中应着手的第一要务。咸丰十年，也就是我国万延元年，西历的1860年，英法联军攻陷北京后，会同清国全权谈判的恭亲王缔结了条约，如今这一历史可能要重演了，〔清廷〕应该会有做出决断的人，但还不能立即作出答复。

　　1860年的阴历六月二十六日，英法联军攻入大沽口，七月七日攻陷天津，清政府派侍郎文俊、前粤海关监督恒祺赴天津议和。英法两使臣以文、恒二人官位卑微，难当全权之任，谢绝会见。于是清政府只能重新任命大学士桂良，令其七月十五日赴津谈判。据传桂良将谈判的结果奏闻皇帝，皇帝诏敕不许，且十分震怒，英法联军在廿一、廿二日间连日赶往北京，八月一日自河西务，经张家湾，直逼通州，于是清政府又命怡亲王载垣至通州议和。尽管两天后召开了预备会议,三天后又举办了宴会,谈判仍然破裂了,同月四日联军再次踏上入京之途,正在圆明园行在的皇帝听闻北京危急的消息后,在八日上午四时至六时之间即将巡幸热河之际,命恭亲王留守北京,八日后又颁给该王全权大臣的官衔,以方便议和,之后其与英、法使臣等完成了谈判,与英国、法国分别在九月十一日、九月十二日缔结了以《北京条约》为名的和约。然而就本次事件而言,最初在清廷内部存在和战两党,主战党的势力凌驾于主和党之上的情况,不仅从内阁大学士兼军机大臣荣禄给南方各总督发送的电文中可窥一斑,首先,皇帝虽然给各国国王、总统等发送了亲和之电,依然发生了各国公使在京城内受苦之事;且如许景澄、袁昶等人被认为是主和而被罢免了总署大臣之职,在其同僚中被视为抱持同样思想的兵部尚书徐用仪,也遭遇了同样的命运。此外,荣禄等人被禁锢,联军越发逼近都城,当时也即本月13日,皇帝及皇太后在董福祥部下士兵拥护下出发前往五台行幸之际,任命端王等主战党留守京城,特别是任命刚毅为武卫军的总指挥,此老意欲依城顽抗联军,这无疑是作为主战党的端王一派威高镇主的结果,同时,主和党的庆王一派在这种情形下,是否可以由明诏来达到目的还是个疑问,但可以通过所谓的密诏授予全权大臣官位以进行和平谈判,只是历史上很少有这种先例,应该说这样的做法也是很难有把握的。

关于巡幸五台之事亦有一种推测,若为帝王子孙万世计,就要行此大胆之举,对于都城应该从北京迁往何处等问题,只有古之长安即今之陕西省西安府等几个屈指可数之地可以作为落都之选。如果要安置六宫,从西安府向五台山的方向,据说绝对适合。原因在于,位于北纬34度17分、东经108度58分的西安府,与北京大约相距 2 650 清里①之遥,位于北纬 38 度 46 分、东经 113 度 24 分的五台县在山西代州府治下,代州距北京仅 770 清里,五台县则在其东南方向 140 清里处,由此相减计算,则五台仅距北京六百三十清里。非但如此,"长安一片月,万户捣衣声"只是已逝之梦境,如今只余残山剩水,无法达到作为安顿六宫的离宫的标准,只能征发县衙或官舍,无论如何都会使两宫的尊严蒙羞。相反,五台县中有中国名山五台山,康熙、乾隆诸帝曾多次巡幸该山,其中敕修、敕建的文殊院外有许多堂宇,皇太后即使是在仓促之中,也回忆起在北京近郊万寿山颐和园与皇帝以下诸人的生活起居,将会因身份等级的不同而产生差等。自北京一路经良乡、涞水、易州、上陈、紫荆关、广昌、灵邱、灵口,端王则逃往保定府,联军马队未能追及,若其自保定经满城、完县、唐县、阜平,得以扈从两宫,与董福祥均可挟天子以令天下。根据笔法,彼等自行随意发布上谕的情况仍在继续。五台所在的省是山西省,其巡抚毓贤在山东任内便秉持排外主义,和端王、董福祥等人气味相投,但相邻的河南、陕西等省份并无能够顾全大局、洞明世事的巡抚,当然不会有中立的勇气,更何况若上谕能率先试图请君侧并激起奋发之心,那么应该安排和实施这样的计划呢?而且对于占领了直隶省数部的联军而言,自大沽经天津入北京,几乎如履平地,自北京向五台的途中则不同,山路较多,军队后勤难以保障,敌人又视情形次第逃入陕西、甘肃等地,作为计策,联军若悬军万里之外,旷日弥久,势必疲于奔命,很难保证彼此间始终协调一致,在这种情况下若欲进兵,必须要有十分准确的判断,因此相关诸国不可贸然行事。如此说来说去,推测

---

① 1 清里 ≈ 576 米。

当下的山西一带应处于排外政治的主导之下。

据传德意志元帅已经向东迫近,俄国陆军大臣也已出发,英、法、意、奥当作何观?在另一半球别有天地、特立独行的美利坚合众国也不主张加入对抗野蛮的文明战争。山雨欲来风满楼之际,一旦错失调和时机,茫茫禹域将陷入晦暗蒙昧之中,秩序难以维持。

中岛雄　稿

明治三十三年八月二十三日于东京

———六　8月23日　外务大臣青木致驻华西〔德二郎〕公使电报

关于荣禄被救出的通告文件

西〔西德二郎〕

北京大沽炮台

42。

据悉,荣禄目前被囚禁在刑部监狱。由于他对日本很有好感,如果上述情况属实,你将采取措施,与福岛陆军少将协调,让他立即松口气。庆亲王还活着吗?

青木

8月23日,1900年

———九　8月25日　驻上海代理总领事小田切致外务大臣青木电报

清廷西巡情报文件

8月25日午后4时35分发,8月26日午后8时10分收

第208号

根据代理陕西巡抚端方给李鸿章的电报，端方自山西阳高县知县处获报两宫于8月21日着辇阳高。由该电可察知两宫最终将在陕西西安驻辇，应会从居庸关经过向该地进发。

附记1

8月28日午后8时58分发，8月29日午前3时收

外务大臣青木：

第218号

据本地的中国官吏所接代理陕西巡抚的电报，两宫将在8月30日抵达山西太原府云云。

附记2

8月29日午后4时12分发，午后9时55分收

外务大臣青木：

第219号

据清国官吏从保定接到的电报，端郡王、庄亲王以及刚毅原本就在西太后的随员中，又据安徽巡抚的密电，徐桐及赵舒翘和去年的刚毅一样，接受了西太后使其前往南部视察形势的命令，目前正在微行南方的旅途之中，如果确实如此的话，这两人到达后或许会出现事态的急变。

附记3

8月30日加藤公使、郑领事电报

8月30日自天津发出，9月3日午后4时5分大沽发，9月4日午前12时20分收

今早一名清国商人自保定来此，据其相告，西太后、皇帝、皇太子[①]、

---

① 即爱新觉罗·溥儁（1885—1942），端郡王爱新觉罗·载漪次子，于庚子年被慈禧立为"大阿哥"，辛丑之后被废除封号，与其父流放新疆。

端郡王、荣禄、董福祥、刚毅及其他大臣即便聚居在保定府,外国军队一来,无论如何,彼等也将立时逃离该地。

一一二〇　8月26日　驻华西公使致外务大臣青木电报
清廷及守旧派首领西迁之报告文件
8月26日到
外务大臣青木:

　　皇帝和皇太后及其他顽固派的首脑人物在数日前出奔,其情形及所往何处均不甚明了,多半是往宣化府的方向。

一一二一　8月26日　驻上海代理总领事小田切致外务大臣青木电报
庄亲王、徐桐及刚毅潜伏在北京城外一说之情报文件
8月26日午后3时20分发,8月27日午前10时收
外务大臣青木:
第209号(抄件)

　　据李鸿章所言,庄亲王、徐桐及刚毅在两宫播迁后受命处理京城事务,如今确实潜居于北京城外,就以上消息,本官给清国驻我国公使及山口陆军中将发去了电报。

一一二二　8月26日　驻上海代理总领事小田切致外务大臣青木电报
关于荣禄及端郡王身在何处之报告文件
8月26日午后8时26分发,8月27日午前10时40分收
外务大臣青木:

第 211 号

　　荣禄在 8 月 19 日抵达保定,目前尚在该地滞留,据闻不日即会向西部进发。端郡王的所在尚不明朗,根据清国官吏的一般看法,应是与西太后同行。

一一二四　8 月 29 日　外务大臣青木致驻英林〔董〕公使电报
探报英国政府关于劝告清廷还都之意向之训令文件
8 月 29 日发
驻英全权林公使:
第 30 号

　　根据北京的情报,皇帝及太后在董福祥军队的护卫下,向山西省及其他地方播迁。清廷在职官吏悉数逃离北京,而各国要开始谈判议和的话,应该要承认李鸿章的权能,这似乎是目前将自然发展的态势。然而据帝国政府所见,事态如此凝滞难解,外加如今困难越发加重,清帝国的纷乱将永无底止,随之便是当下皇室的灭亡。由此亦知,若我国及联军各国想要与中国恢复从前的关系,必须确实敦促皇帝及西太后直接回銮京师,并执行组织政府、开启和谈的措施,此为至关紧要之事。

　　贵官请尽快将以上意见告知英国政府,一旦接到回复请火速将其以电报发来。

一一二五　8 月 30 日　驻英林公使致外务大臣青木电报
关于劝告清廷还都一事安全保障问题之禀陈
8 月 30 日伦敦发,9 月 1 日午前 0 时 30 分收
外务大臣青木:

第 56 号（抄件）

关于第 30 号贵电,伯蒂①为了给目前仍在航行之中的索尔兹伯里侯爵发电,而询问本官日本政府考虑如何让清朝皇帝及西太后返回北京,本官答以虽然不知我国政府的意向,但我认为保证两宫的生命和安全是最为优先的。

一一二六　9 月 3 日　驻英林公使致外务大臣青木电报
英国政府答复关于劝告清廷还都之情报文件

9 月 3 日午后 6 时 20 分发,9 月 4 日午前 10 时 20 分收
外务大臣青木:
第 58 号

关于尊处第 30 号电报,英国政府已经通过驻本国该国临时代理公使索尔兹伯里侯爵答复说,关于劝诱清政府返回北京的可行办法,列国尚未得到任何指示。

一一二七　9 月 3 日　山口〔素臣〕中将致大山〔岩〕参谋总长电报
庆亲王还都之文件

9 月 3 日午后北京发,9 月 4 日午后 5 时大沽发,9 月 8 日午前 2 时 10 分收
参谋总长:
参第 198 号

柴中佐率骑兵一中队,于本日午后 2 时在清河迎接庆亲王,下午 4 时半将其护送至王府,府中相从者有 60 余人。英国骑兵一中

---

① Francis Bertie,英国外交部东方处助理次长。

队在德胜门外迎接庆王,亲王的清兵护卫在清河收取武器,计有短铳24支,一字不明。42支,刀两把。亲王反复向我方表达谢意。在面见各国公使之前,亲王应该会先会见罗伯特·赫德。

我方占领区内人民安堵,店铺渐开,为商者日日见多,而其他占领区则尚寂寥。

一一二八　9月4日　驻上海代理总领事小田切致外务大臣青木电报
发布有关是次暴动问责及保护外国人上谕之报告文件

9月4日午后3时13分发,午后7时收
外务大臣青木:
第239号

中文报纸刊登了山西省侯马发往上海的电报中所载阴历八月十日上谕,根据该敕,皇帝为无辜的人民遭遇惨祸深感痛心,且希望官员们在这场危机中保持效忠,还有以下诸项内容。

一、皇帝宣布,国家陷入今日危局之责任,完全系于其一身。

二、皇帝深以太后自离京巡幸以来起居健全为喜,并相信臣民亦为此同喜。

三、命令朝廷诸官为履行职务起见均应速赴行在听候调遣。

四、命刘坤一及张之洞照常努力保护长江沿岸的外国人及通商活动。

一一二九　9月4日　驻上海代理总领事小田切致外务大臣青木关于前次文件所述上谕之报告文件

公信第327号,9月13日接收

8月20日阴历七月廿六日颁布的上谕在本日发行的中外日报上刊登了,内容如下:

我朝以忠厚开基二百数十年,厚泽深仁,沦浃宇内,薄海臣民,各有尊君亲上、效死勿贰之义。是以荡平逆乱,海宇乂安,皆赖我列祖列宗文谟武烈,超越前古,亦以累朝亲贤,夹辅用能,宏济艰难。迨道光咸丰以后,渐滋外患,然庙谟默运,卒能转危为安。朕以冲龄,入承大统,仰禀圣母皇太后懿训,于祖宗家法恭俭仁恤诸大端,未敢稍有陨越,亦薄海臣民所共见共闻。不谓近日衅起团教不和,变生仓猝,竟致震惊九庙,慈舆播迁。自顾藐躬,负罪实甚。然祸乱之萌,匪伊朝夕。果使大小臣工,有公忠体国之忱,无泄沓偷安之习,何至一旦败坏若此?尔中外文武大小臣工,天良俱在,试念平日之受恩遇者何若,其自许忠义者安在?今见国家阽危若此,其将何以为心乎?知人不明,皆朕一人之罪,小民何辜,遭此涂炭,朕尚何所施其责备耶!朕为天下之主,不能为民捍患,即身殉社稷,亦复何所顾惜。敬念圣母春秋已高,岂敢有亏孝养。是以恭奉銮舆,暂行巡幸太原。所幸就道以来,慈躬安健无恙,尚可为天下臣民告慰。自今以往,斡旋危局,我君臣责无旁贷。其部院堂司各官,着分班速赴行在,以便整理庶务。各直省督抚,更宜整顿边防,力固边圉。前据刘坤一、张之洞等奏,沿海沿江各口商务,照常如约保护,今仍应照议施行,以昭大信。其各省教民,良莠不齐,苟无聚众作乱情形,即属朝廷赤子,地方官仍宜一体抚绥,毋得歧视。要之,国家设官,各有职守,不论大小京外文武,咸宜上念祖宗养士之恩,深维君辱臣死之义,卧薪尝胆,勿托空言,于一切用人行政筹饷练兵,在在出以精心,视国事如家事,毋怙非而贻误公家,毋专已而轻排群议,涤虑洗心,匪豫不逮,朕虽不德,庶几不远而复天心之悔祸可期矣。将此通谕知之,钦此。

外务大臣　青木周藏子爵阁下

　　　　　　　　驻沪代理总领事　小田切万寿之助(印)
　　　　　　　　明治三十三年九月四日

一一三〇　9月5日　驻上海代理总领事小田切致外务大臣青木颁布有关时局救济方面上谕之报告文件

公信第329号,9月13日接收

　　8月22日阴历七月廿八日颁布的上谕在本日发行的中外日报上刊登如下:

　　自来图治之原,必以明目达聪为要。此次内讧外侮,仓猝交乘,频年所全力经营者,毁诸一旦,是知祸患之伏于隐微,为朕所不及觉察者多矣。惩前毖后,能不寒心?自今以往,凡有奏事之责者,于朕躬之过误、政事之阙失、民生之休戚,务当随时献替,直言无隐。当此创深痛巨之后,如犹恶闻谠论,喜近谀谀,朕虽薄德,自问尚不致此。设平日未怀忠悃,临时漫摭浮词,甚或假公济私,巧为尝试,则尔诸臣之负朕实深!苟畏天良,不应有此,所冀内外臣工,各尽忠忱,共支危局,庶几集思广益,用以救弊扶衰,朕实惓惓有厚望焉。钦此。

　　敬具上述内容以报尊处。

外务大臣　青木周藏子爵阁下

　　　　　　　　驻沪代理总领事　小田切万寿之助(印)
　　　　　　　　明治三十三年九月五日

附记1

公信第404号,10月25日接收

本年9月12日阴历八月十九日颁布的上谕内容如下：

朕钦奉慈端佑康颐昭豫庄诚寿恭钦献崇熙皇太后慈舆，暂时西巡，所有与各国应议事件，已派王大臣等妥为商办。各省将军督抚，务当照常办事，镇静民心，勿令扰乱，保守疆土，勿稍疏虞，于交涉事件，仍遵叠次谕旨，按照条约办理。有各种匪徒，借端生事，啸聚焚杀，意图乘机作乱，着即派兵，立即剿平，勿令滋蔓，扰动大局。各该将军督抚，受恩深重，自当共济艰难，消弭隐患，用副朝廷谆谆诰诫至意。钦此。

敬具上述内容以报尊处。

驻沪代理总领事　小田切万寿之助(印)

明治三十三年十月十九日

附记2

公信第36号，10月31日接收

今将清朝皇帝上谕中私以为比较重要的部分挑选出来供您参考。

外务大臣加藤高明阁下

在天津领事　郑永昌(印)

明治三十三年十月廿二日

（附页）

清廷皇帝之上谕

七月廿六日公历8月20日上谕。本文省略，与一一二九号文书内容相同。

八月十五日公历9月8日军机处奉廷寄，李鸿章、刘坤一、张之洞等会奏折片，暨李鸿章初九日电奏，同日览悉。七月廿一日之变,罪在朕躬,悔何可及。该大学士等,与国同休戚,力图挽救,宗社有灵,实深鉴之。所陈各节,悉系目前最要机宜。庆亲王奕劻,计约初十日可以到京。本日复有旨,加派荣禄会同办理。现在俄户部允为撤兵,是机有可乘,不可一误再误。该大学士应即驰赴天津,先行接印,仍即日进京,会商各使,迅速开议。至罪己之诏,业于七月廿六日明降谕旨,播告天下,该大学士此时当已接到。自行剿匪一节,该大学士未到任以前,已责成廷雍认真办理,本日亦有明发谕旨矣,其余皆当照请施行。唯事有次第,不得不略分先后耳。朕恭奉慈舆,一路安善,现距太原两站,驻跸久暂,俟抵太原后,体察情形,再定进止。此次变起仓猝,该大学士北行,不特安危系之,抑且存亡系之,旋乾转坤,匪异人任,勉为其难,所厚望焉。此旨仍着端方转电李鸿章等知之。钦此。

七月廿八日公历8月22日上谕。本文省略,与一一三〇号文书同文。

八月十四日公历9月7日上谕:朕此次恭奉銮舆,暂幸太原,当经先后派出荣禄、徐桐、昆冈、崇礼、裕德、敬信、溥善、阿克丹、那桐、陈夔龙,充留京办事大臣。复令庆亲王奕劻,回京会同李鸿章,与各国议办一切事宜。此案初起,义和团实为肇祸之由,今欲拔本塞源,非痛加剿除不可。直隶地方,义和团蔓延最甚,李鸿章未到任以前,廷雍责无旁贷。即着该护督,督饬地方文武,严行查办,务净根株,倘仍有结党横行、目无官长,甚至抗拒官兵者,即责成带兵官实力剿办,以清乱源,而安氓庶。钦此。

八月廿四日公历9月17日上谕:此次衅端,实由拳民无故肇祸,教民因而疑惧,以致两不相下,扰坏非常。不知教民拳民,均我赤子,朝廷视民如伤,该教民等但能各安本业,自应照常保护,无所用其疑虑。着各直省督抚,谆饬各该地方官,开诚布公,切实劝导,俾各教民咸知一视同仁之意,坦然无疑,如常安处。至拳民,多系拳匪迫胁,亦何忍不分良莠,概加诛戮。并着各该地方官明白晓谕,即令解散归农,倘仍敢纠众麇聚,不知感悟,一旦大兵所指,不分玉石,后悔莫及,勿谓不教而诛也。将此通谕知之。钦此。

闰八月初二日公历 9 月 25 日上谕:大德国驻京使臣克林德,前被兵戕害,业经降旨,深为惋惜。因思该使臣驻华以来,办理一切交涉事宜和平妥协,朕追念之余,倍加珍惜,着赐祭一坛,派大学士昆冈即日前往奠酹。灵柩回国时,并着南北洋大臣妥为照料。抵本国时,着再赐祭一坛,派户部右侍郎吕海寰前往奠酹,用示朕笃念邦交、轸惜不忘之至意。钦此。

同日上谕:此次开衅,变出非常,推其致祸之由,实非朝廷本意,盖因诸王大臣等纵庇拳匪,启衅友邦,以致贻忧宗社,乘舆播迁,朕固不能不引咎自责,而诸王大臣等无端肇祸,亦亟应分别重轻,加以惩处。庄亲王载勋、怡亲王溥静、贝勒载濂、载滢,均着革去爵职,端郡王载漪,着从宽撤去一切差使,交宗人府严加议处,并着停俸,辅国公载澜、都察院左都御史英年,均着交该衙门严加议处,协办大学士吏部尚书刚毅、刑部尚书赵舒翘,着交都察院、交部议处,以示惩儆。朕受祖宗付托之重,总期保全大局,不能顾及其他。诸王大臣等谋国不臧,咎由自取,当亦天下臣民所共谅也。钦此。

闰八月初三日公历 9 月 26 日上谕:大日本驻京使馆书记生杉山彬被害一事,前经降旨缉匪惩办。因念该书记生在使馆当差,理应一律保护,乃因事出仓猝,遽尔被戕,实深轸惜。着派礼部右侍郎那桐前往致祭,并赏给祭葬银五千两,灵柩回抵本国时,着内阁侍读学士李盛铎派参赞官一员,再往奠祭,用示笃念邦交、惋惜不忘之至意。钦此。

起用人才之上谕

同日上谕:为政首在得人,近年来各督抚保举人才,不免瞻徇情面,汲引私人,是上以实求者,下不以实应,大负朝廷求贤若渴之意。现在时局艰危,需才尤亟,各封疆大吏,均有以人事君之责,务各激发天良,虚衷延访,如有才猷卓著、克济时艰,无论官阶大小,出具切实考语,迅速保荐,以备录用。倘该督抚等仍蹈从前积习,滥列剡章,一经任用,辄至贻误,定将该原保大臣一并严惩,决不姑宽。至整军经武,端赖将才。近来各营平时训练,并不认真讲求,一经征调,漫无纪律,甚至扰累民间,实堪痛恨。各省制兵防营,星罗棋布,谅不乏折冲御侮之才。各抚如果平日留心考察,核实保荐,何致临敌溃败不可收拾若此耶?着各该督抚,力袪痼弊,务选真才,有堪专之任者,即行保奏,用资采择。将此通谕知之。钦此。

军机大臣之任命

闰八月二日公历9月25日的上谕中,任命鹿传霖为军机大臣。

总督及巡抚的更迭

闰八月初三日公历9月26日的上谕中,毓贤解任待命,任命锡良为山西巡抚,陶模为两广总督,魏光焘为陕甘总督,岑春煊为陕西巡抚。

步军统领的更任

闰八月四日公历9月27日上谕中,任命敬信为步军统领。

两宫移驾西安府的上谕

闰八月初六日公历9月29日上谕:奉旨,现定闰八月初八日启銮西幸长安。清江所设转运总局,著即移至汉口,清江改设分局,自汉口以上,应如何添设分局之处,著刘坤一、张之洞饬令恽祖祁妥善办理。钦此。

黑龙江将军及盛京副都统的更迭

闻八月十九日公历 10 月 12 日的上谕中,盛京副都统晋昌及黑龙江将军寿恭均被解职查办,讷钦被任命为盛京副都统,延茂被任命为黑龙江将军,延茂到任前由萨廉代理。

一一三 9 月 10 日 驻上海代理总领事小田切致外务大臣青木电报

荣禄趋赴行在之报告及李鸿章北上之文件

9 月 10 日午后 6 时 15 分发,午后 10 时 45 分收

外务大臣青木:

第 253 号

获得了以下的可靠消息。

荣禄决心亲往行在以当辅弼两宫之任,盖因端郡王、庄郡王、刚毅、董福祥之流环伺两宫左右,其进言多得两宫认同,这使我们,无法寄希望于中外各国友谊可以恢复、清国秩序可以重振。荣禄最终有此想法系出于李鸿章的怂恿。李鸿章劝告荣禄,在此时势下,与其滞留后方,不如趋赴行在,辅佐皇帝,以与李鸿章彼此援引,为悬于其双肩的重大任务而鞠躬尽瘁。况且据闻各国人士多以荣禄作为武卫军的总指挥官却未能制止士卒袭击公使馆为由,而不承认其出任全权委员之一的资格。

据代理直隶总督自保定发出的电报,前不久有八名义和团的

首领被处斩,祭拜所用祭坛也被烧毁,据闻吕提督[1]曾大力参与此事。

李鸿章在收到庆亲王回京的消息后,向联军各国提出了通过大沽的请求,各国同意之后,李鸿章应该会直接北上。另外,清廷向罗伯特·赫德就辅助李鸿章通过大沽一事发布了诏敕。

一一三四　9月17日　驻上海代理总领事小田切致外务大臣青木
清廷任命随扈及留京官员上谕之报告文件
公信第347号,9月21日接收

9月3日及7日自山西行在颁布了上谕,全文如下:

十日阴历八月十日,公历9月3日。奉上谕,行在政务殷繁,需人佐理,在京各衙门亦未便有虚职守,除大学士荣禄、徐桐、昆冈,尚书崇绮、崇礼、裕德、敬信,侍郎溥善、阿克丹、那桐,府丞陈夔龙,已先后派充留京办事大臣外,尚书徐会沣、松溎,左都御史吴廷芬,侍郎溥愿、李端遇、曾广汉、溥良、荣惠、徐承煜,内阁学士孚琦、陆宝忠,左副都御史庆福,通政使儒林,正卿王福祥、印启,宗人府府丞成章,詹事李昭炜,左庶子伊克坦,通政司副使李荫銮、少卿溥铜、贵昌、德本、范广衡、裴维侒,翰林院侍读学士秦绶章,侍讲学士熙瑛、侍读崇寿、侍讲檀玑,国子监司业希廉、周克宽,钦天监监正徐森、监副桂山,太医院院判施国治、白文寿,均著留于本衙门照常办事,此外各部院卿寺堂官,暨向有内廷差使各员此次未派留署者,均着仍遵前旨,遴选得力司员,一并酌带前来,以便办理各该衙门

---
[1] 吕本元(？—1910),字道生,安徽滁州黄圩人,清末淮军将领,时任直隶提督。

行在事务，毋得迟延。钦此。

十四日阴历八月十四日，公历9月7日。奉上谕，朕此次恭奉銮舆，暂幸太原，当经先后派出荣禄、徐桐、昆冈、崇礼、裕德、敬信、溥善、阿克丹、那桐、陈夔龙，充留京办事大臣。复令庆亲王奕劻，回京会同李鸿章，与各国议办一切事宜。此案初起，义和团实为肇祸之由，今欲拔本塞源，非痛加剿除不可。直隶地方，义和团蔓延最甚，李鸿章未到任以前，廷雍责无旁贷。即着该护督饬地方文武，严行查办，务绝根株，倘仍有结党横行、目无官长，甚至抗拒官兵者，即责成带兵官实力剿办，以清乱源，而安氓庶。钦此。

谨将以上内容报告，供尊处参考。

外务大臣　青木周藏子爵阁下

驻沪代理总领事　小田切万寿之助（印）

明治三十三年九月十七日

附记1
随扈西迁及滞留京城官吏姓名之报告

公信第399号，10月22日接收

根据当地发行的清字新闻，这次皇太后及皇帝的扈从官员的爵位、官职与姓名如下所示：

姓　名	事　故　备　注
庆亲王奕劻	为议和事，8月28日自宣化返京
庄亲王载勋	9月11日，率领护军练兵五百人向北京进发
肃亲王善耆	同上

（续表）

姓　名	事　故　备　注
喀尔喀扎萨克亲王那彦图	
端郡王载漪	
贝子溥伦	
贝子敏橚	
公爵载澜	
公爵载泽	
公爵博迪苏	
公爵桂祥	
公爵定昌	
将军载振	
将军溥僎	
芬车都统苏噜岱	
协办大学士、吏部尚书刚毅	
协办大学士、户部尚书王文韶	
刑部尚书赵舒翘	
都察院左都御史英年	
户部左侍郎桂春	
工部右侍郎溥兴	

(续表)

姓　名	事　故　备　注
内务府大臣继禄	
内阁学士贻谷	
都察院左副都御史何乃莹	
督办前路粮台、甘肃布政使岑春煊	指挥甘肃勤王军入卫，今为陕西巡抚
翰林院日讲起居注官侍讲王垿	于太原迎驾者
编修赵尚辅	同上
编修余堃	
编修沈卫	
编修林开謩	
编修赵鹤龄	
军机章京陈邦瑞	
工部郎中甘大璋	
刑部郎中郭之全	
吏部主事鲍心增	
刑部员外郎来秀	
工部主事文征	
吏部主事刘宇春	
户部员外郎徐国盛	

(续表)

姓　名	事　故　备　注
户部主事王步瀛	
户部主事缪鼎臣	
兵部郎中袁玉锡	
刑部郎中俞启元	
刑部员外郎戈炳琦	
刑部主事刘嘉斌	

除了上述人员外,尚有虎神营官兵一千人、神机营官兵一千人,甘肃提督董福祥部下马队约一千人随扈。

以下是受命留京的官员名单:

姓　名	事　故　备　注
大学士荣禄	受命留京,后赴陕西
大学士徐桐	所在不明
户部尚书崇绮	死于保定
大学士昆冈	
兵部尚书敬信	
刑部尚书崇礼	
兵部尚书裕德	
吏部左侍郎溥善	

(续表)

姓　名	事　故　备　注
顺天府府丞陈夔龙	
礼部右侍郎那桐	
内阁学士孚琦	
内阁学士陆宝忠	
翰林院侍读学士秦绶章	
侍读学士熙瑛	
侍读崇寿	
侍讲檀玑	
署户部右侍郎、詹事府詹事李昭炜	
左庶子伊克丹	
吏部右侍郎溥愿	
户部署左郎曾广汉	
户部右侍郎溥良	
礼部左侍郎荣惠	
兵部尚书徐会沣	
刑部左侍郎兼礼部右侍郎徐承煜	
工部尚书松溎	
右侍郎兼吏部右侍郎李端遇	

（续表）

姓　　名	事　故　备　注
宗人府府丞成章	
都察院左都御史吴廷芬	
左副都御史庆福	
通政司通政使儒林	
通政副使李荫銮	
大理寺卿王福祥	
大理寺少卿溥铜	
太常寺少卿贵昌	
光禄寺少卿德本	
光禄寺少卿范广衡	
太仆寺卿印启	
国子监司业希廉	
国子监司业周克宽	
鸿胪寺少卿裴维佽	
钦天监监正徐森	
监副桂山	
太医院院判冯国治	
太医院院判白文寿	

不知上述内容有多少谬误,实在难料。

附记 2
上述内容的后续报告

公信第 403 号,10 月 22 日接收

随扈皇太后及皇帝的官员以及滞留北京的官员情形已见诸公信第 299 号的报告。除此之外,根据某报纸的记载,还有一些应召赶赴行在的官员,详情如下:

姓　名	事　故　备　注
内务府大臣左都御史理藩院尚书怀塔布	
工部左侍郎世续	
御医张仲元	
御医全顺	
内阁学士现任理藩院左侍郎特图慎	
侍读学士台布	
太医院院使庄守和	
太医院院判杨际和	
御医范绍相	
内阁学士现任理藩院左侍郎寿耆	
侍读学士明启	
侍读学士多欢	

（续表）

姓　　名	事　故　备　注
侍读学士崇寿	
侍读学士福敏	
翰林院侍读学士恩顺	
翰林院侍读学士陈秉和	
侍讲学士朱祖谋	
侍讲学士恽毓鼎	
侍读朱益藩	
侍读吴同甲	
侍讲杨捷三	
詹事府詹事文海	
右庶子惠纯	
吏部尚书徐郙	
礼部尚书启秀	
侍读学士祥祺	
侍读学士高赓恩	
侍读学士镰隆	
侍讲学士景厚	
侍讲学士刘永亨	

(续表)

姓　　名	事　故　备　注
侍读宝丰	
侍读杨佩璋	
侍讲载昌	
编修吴士鉴	
左庶子徐琪	
右庶子李联芳	
户部右侍郎现任吏部左侍郎华金寿	
礼部尚书廖寿恒	
兵部左侍郎葛宝华	
刑部左侍郎崇礼	
刑部右侍郎梁仲衡	
理藩院右侍郎会章	
都察院左副都御史曾广銮	
通政司参议铁良	
太常寺少卿张亨嘉	
太仆寺少卿隆恩	
国子监司业文年	
钦天监监正恩禄	

（续表）

姓　　　名	事　故　备　注
钦天监监副松凌	
兵部右侍郎李殿林	
刑部右侍郎景沣	
工部尚书陈学棻	
都察院左副都御史奕秋	
通政司副使荣庆	
大理寺卿常明	
光禄寺卿郭曾炘	
国子监祭酒王懿荣	
鸿胪寺少卿有泰	
钦天监监副郭世钟	
钦天监监副徐桓	

以上内容难保其绝对真实性，谨作为前此报告的补充。

一一三五　9月18日　驻上海代理总领事小田切致外务大臣青木

荣禄抵达保定之情报文件

9月18日午后12时40分发，午后5时15分收

外务大臣青木：

第 259 号
　　上海与大沽间的海底电线已经开通。
　　据盛宣怀所言,荣禄已于 9 月 18 日抵达保定。

一一三六　9 月 20 日　驻上海代理总领事小田切致外务大臣青木电报
任命端郡王为军机处大臣之情报文件
9 月 20 日午后 9 时 1 分发,午后 11 时 30 分收
青木外务大臣:
第 264 号
　　据可信情报,由于礼亲王患病,端郡王被任命为军机大臣之一员,且该郡王一派正力劝目下驻跸山西太原的两宫进一步向西部播迁。根据以上事实,加之德国提议的议和谈判所需的前提条件,此次变故之速结恐是奢望。

一一三八　9 月 21 日　驻沪代理总领事小田切致外务大臣青木电报
更迭上海海关道之文件
9 月 21 日午后 9 时 45 分发,9 月 22 日午前 2 时收
外务大臣青木:
第 265 号
　　上海海关道余氏升任江西按察使,一个保守派人物程仪洛成为新任海关道。该任命系听取了鹿传霖的谏言,并得益于端郡王的庇荫。如此,则恐怕势将成为南方诸省其他高官被罢免之先鞭。上属机密内容。

附记1

机密第109号,9月26日接收

　　正如本日第265号密电向您禀报的那样,上海道余联沅这次突然升任江西按察使,其继任者为候补道程仪洛。其人为浙江省杭州府人,是保守派人物,且与目下随扈行在的江苏巡抚鹿传霖关系殊为亲密。此次北方匪徒骚乱,传霖奉命率领麾下军队出发进京,程是其军中粮台的负责人,近来一直驻扎扬州从事任务。这次能够补余道之缺,荣升港口要职,根据清国人的言论,程的任命主要源自鹿的推举,且得到了端郡王的同意。通过探知在沪外国人之观感,任用如此人物的结果将影响到南方各省督抚的职位变动,这并非无稽之谈。任用此类人物担任本港道台之要职,首先会妨害本港的秩序,继而也难保南方无启衅之虞,各领事均应在协商的基础上以礼作出相当的处置。程仪洛已在今早会见余道台之时问其何以在今日情势下仍不愿攘灭外人,余道答以即便奉有上谕而不得已下手,仍会为百万生灵涂炭所苦,而程则叫嚣生灵并无所谓。此为在下亲自与余道会面之时闻及,亦可一窥程氏心迹之一端。谨匆忙敬具以上内容,向尊处报告。

外务大臣　青木周藏子爵阁下

　　　　　　驻沪代理总领事　小田切万寿之助(印)

　　　　　　　　　　　　　明治卅三年九月二十一日

附记2

照录上海海关道更任上谕

公信第354号,9月27日接收

　　本月公布了解散义和团的上谕,此外尚有两件上谕均在中文报纸上加以披露,现将该报纸新闻剪切附于附件中,供尊处查阅参考。

外务大臣　青木周藏子爵阁下

　　　　　驻沪代理总领事　小田切万寿之助（印）

　　　　　　　　　明治三十三年九月二十二日

（附页）

　　上谕电传。昨日三点钟本馆接到太原来电，内开：本月廿一日，公历9月14日行在内阁抄奉上谕，江西按察使著余联沅补授，所遗江苏苏松太道员缺著程仪洛补授。钦此。同日奉上谕，甘肃布政使岑春煊著赏给头品顶戴，钦此。

　　廿四日公历9月17日奉上谕。本文省略，匪徒解散的上谕见一一三〇号文书附记2。

附记3
有关上海海关道更任之续报文件

机密第110号，10月3日接收

　　当地海关道突然接到了更换的命令，新任道台程仪洛原来是鹿传霖的属下，二人属臭味相投，之后南方恐有和平破灭之虞，近日将与外国各领事在充分相商的基础上实施相当程度的处置措施，这一点在本月21日所附第109号拙信中已有报告。之后法、美各领事根据自身意见，向刘总督发去电报，表达了留任前任道台余联沅之意，小官于本月22日也尝试向刘总督发去了以下电报，以留任余道台相劝。

两江总督刘大臣鉴：

　　昨闻余观察升调江西臬司，在常时实可贺，而此时为可惜。长江互保，观察一手办理，极为周妥，北方局面未定，沪滨不可一日无观察，乞由贵大臣奏留，以保大局为盼。

当天刘总督回电如下：
日本总领事小田切大人鉴：

电悉，余道升任事，敝署尚未接部文，俟奉到谕旨，再行酌办。

上面电报的意思是，余道升任的相关文件尚未接到吏部公报，待到他日收到谕旨，再酌情办理。

外务大臣子爵　青木周藏子爵阁下

驻沪代理总领事　小田切万寿之助（印）

明治三十三年九月廿六日

一一三九　9月21日　外务大臣青木致在北京政务局长内田〔康哉〕电报

将端郡王从随行队伍中清除之训令文件

9月21日发

在北京内田政务局长：

第56号

请阁下与福岛陆军少将协商，尽量讨论出速将端郡王之流从清国皇帝随员中排除之法。务必回电。

一一四〇　9月24日　在北京政务局长内田致青木外务大臣电报

关于将端郡王从随行队伍中清除方法之文件

9月24日自北京发，9月26日午后2时5分大沽发，9月29日午后5时25分收

外务大臣青木：

第7号

9月21日接到尊处电文,福岛少将认为除利用袁世凯及其手下兵勇外,别无他法,本官深表赞成。本官将在9月25日会见庆亲王时,公然述说此事。此外,本官在9月17日向该亲王恳切陈述了将刘坤一、张之洞增设为清国全权大臣的必要性。

一一四一 9月26日 驻上海代理总领事小田切致外务大臣青木

风闻李鸿章上奏弹劾端郡王之文件

公信第358号,10月3日接受

当地发行的中文报纸中报道最迅速且令人信服的《新闻报》在今天的报纸上刊登了如下报道。

9月14日李鸿章等人上奏弹劾端郡王误国,该奏疏在19日送抵太原,翌日两宫御览,便立即召集行在军机大臣端、庄二王、王文韶、赵舒翘等。该军机大臣等均侍立于两宫之前。皇太后阅过李氏奏折之后心思颇受影响,对端郡王说,这次祸乱皆因你而起,汝能起事,必能止事,但你愚昧若此,想必亦无善法,今京津一带皆为洋兵所占,国事糜烂如斯,乃皆是汝所造之业,吾等路上备尝艰苦,以至于最后居住在这里,实是伤心之事。面责言罢,尚愤愤不止,在旁群臣等皆屏息而立,一言不发。然而半响之后太后指着王文韶说,现在国事除靠你维持外并无他法,如何解厄,你应尽力陈奏,言必入内。在列诸臣皆为之战栗不已。

另外,该报纸还登载了山东济南的来电,据称,风传项日江苏巡抚鹿传霖将升补两广总督,江西巡抚松寿将转任江苏巡抚,另外江苏护理巡抚聂缉椝本任布政使补任浙江巡抚,浙江巡抚刘树棠则将被行在召用。

外务大臣　青木周藏子爵阁下

驻沪代理总领事　小田切万寿之助(印)

明治三十三年九月二十六日

一一四二　9月27日　驻华西公使致外务大臣青木
与王彬孙就清廷西迁一事之谈话报告文件

公信第9号,10月12日接受

　　从野口留学生①那里得到的与军机大臣王文韶之孙王彬孙的问答另纸别录,由此可以管窥清国皇室播迁之际的内廷情况,兹为参考。

外务大臣　青木周藏子爵阁下

驻北京特命全权公使　西德二郎男爵(印)

明治三十三年九月二十七日

附属书　与王文韶之孙王彬孙的问答要件

　　阴历八月十六日即公历9月9日到达的王文韶发自大同府的信件中言道皇室蒙尘之际的扈从情况,如下所述:

　　除端王、庄王、那王、肃王、王文韶、刚毅、赵舒翘、溥兴、英年、澜公、定公,公即"公爵"之意,俗称"公爷"。濂贝子、伦贝子贝子在皇室爵位中位于"郡王"之下。等人外,尚有马玉昆的一千人的马队,端王两千人的八旗兵,及岑春煊统帅的六百兵勇护卫銮舆。

　　又说,皇室蒙尘之初,没有轿子,系乘破马车匆忙离开宫城,到达宣化府时皇上、皇太后、皇太子才备齐了三顶轿子,其他王大臣

---

① 疑为野口多内,1899年受吴汝纶之邀,在保定莲池书院教授日语,同时师从吴汝纶研习汉籍。庚子年先后任日本外务省留学生教民队长、北京日本公使馆书记。参考刘建云:《清末東文学堂についての一考察—中国人設立の東文学堂と日本語教育を中心に一》,《岡山大学大学院文化科学研究科紀要第8号(1999.11)》。

的车马也稍显完备,然而一路下来仍然倍显辛酸。

又说,皇家蒙尘之时,荣禄、徐桐、崇绮三人被任命为留京办事大臣,因荣禄、崇绮逃往保定,崇绮自缢身死,徐桐行踪不明,而改派昆中堂、敬信、裕德、广忠、陈夔龙等八人另外三人信中未记。为留京办事大臣。援军入京未有几日,昆中堂以下便毅然与外人接触,盖因如此。

以上是王文韶信中所述,稍足信凭。更有王彬孙的个人见闻及其在保定的亲戚清河道台高氏的信件为凭,消息要点如下:

李鸿章就任议和全权大臣,其前后曾三次秉承上意。第一回上谕是在公历8月7日围城时期,总署照会各国公使,将任命李氏为议和大臣;又七月十三日即公历8月7日,清廷收到北仓陷落的消息,给李鸿章下达了第二道电谕,让他赶快与各国商议停战,阻止外国军队进京;又七月三十日即公历8月24日给李鸿章急送第三道上谕,其大意是既然给了全权之名,即可便宜行事,无须一一请旨,只求从速议和,朕不为遥制。

又,李中堂接到七月三十日上谕后,便给身在保定的荣禄发电,称余肩负重担,一人之力难以胜任,希望添派两名得力的旗人官员协助,请求转送,这就是荣禄及庆亲王被新选为全权大臣的原因。

王文韶反战之事

阴历五月廿三日,公历6月19日,西后及皇帝清早召见文武大臣讨论和战之事,多数守旧党众口一词持主战论调,未有一人再置可否。太后虽知其非,然大势所倾,又无可如何。然而向来坐拥虚位而不容置喙太后政事的皇帝憔然开口,称现下中国军队不堪一战,因此断然不可横起兵端,此时只有王文韶以中流砥柱之身份大赞皇帝之意。

皇上于是走近王文韶的座位因此时王文韶已有耳聋。说道,卿但无所忌惮,畅所欲言。文韶因而奏称,以中国现在情势,与外国开战,胜负实未可知,况今八国格外强盛,真要作战,大清胜算极小,不如速求议和。太后在一旁对文韶说,汝之议和之法为何?文韶奏称,对毁坏教堂进行赔偿,抚恤被杀害教民的家族,以及赔偿各外国人的损失,以此作为议和之法。而外国犹想和平,是以臣复敢言和。太后即命文韶速至各国公使管讲和。文韶奏曰,如此困局,臣独力难支,望能添派有力大臣参与其事。适值立山亦主和议,于是便派立山协助王文韶。立山是太后的宠臣,文韶大悦,于是退朝,在次日即二十四日上午九时,历访各国使馆,会商此事,孰料恰好发生了德国公使遇害之事,和议于是搁浅。

以上便是文韶反战论的始末。

孙万林是武卫中军前路统领,曾经攻击围城的各国军队,皇上蒙尘之际,率领残兵随行,沿途肆意掠夺,遭到太后训斥,之后仍然强行跟随其后,现在则不知何处。

荣禄洞明事实,知开战绝非正途。尽管如此,由于其节制武卫五军,又直接统率中军,实在难言麾下之兵不堪一战,故最终未过问和战之局。

董福祥通过保定路线追赶皇上,皇上在大同府时,他还没有赶到,眼下恐怕已经追到。

以上为明治三十三年九月廿四日与德丸翻译官一起与王彬孙的问答的概要内容,供参考。
敬呈日置大人阁下

留学生野口手记

——四三　9月28日　驻沪代理总领事小田切致外务大臣青木电报

关于准备西安府行宫之上谕报告文件

9月28日午后5时31分发,9月29日午后3时40分收

外务大臣青木:

第269号

中文报纸上刊登了要领如下的日期不明上谕。①

附记　关于准备西安府行宫之上谕报告文件

公信第365号,10月4日接收

本年9月日不详颁布的上谕,在本日发行的某报纸上刊载,内容如下:

朕奉慈舆,安抵太原,本非久计。以长安自古帝王州,山川四塞,雄踞上游,着端方于西安省城内选定驻跸之所,并经跸地方,妥为筹备。当此时势艰难,库款窘迫,朝廷当卧薪尝胆,崇尚俭德,该抚亦当仰体此意,一切事宜毋庸奢侈,将此谕令知之。钦此。

此上谕是命令署理陕西巡抚端方在该省省城西安选定驻跸场所,且在途中妥为准备,之后应该卧薪尝胆,崇尚节俭,切勿奢靡,由此足见现下两宫及清廷窘迫穷困的状况。根据探查,该谕旨颁布之日期应该不会在两宫抵达太原不久之时。之后如何实现移驻西安的决议,目前尚未得到公开的确报。

太原府至陕西省吴堡县的距离是550清里,吴堡县至葭州距离80清里,葭州至延安府有580清里,延安府至西安府有740清里,要经过以上地方,算起来从山西太原到陕西西安总里程至少有

---

① 上谕系日文译文,与附记相同,此处不记。

1 950 清里，大约是我 300 多里的距离。

外务大臣　青木周藏子爵阁下

　　　　　　　驻沪代理总领事　小田切万寿之助（印）

　　　　　　　　　　　明治三十三年九月廿八日

一一四五　9月30日　驻北京内田政务局长致外务大臣青木电报

就将端郡王从清廷随员中剔除一事与庆亲王之会谈文件

9月30日午后12时15分收

第9号（抄件）

　　本官向庆亲王表达了若端郡王及其党羽仍与皇帝共处则议和难以开展之意，并询问其是否有将端郡王一派清除君侧之法，以及能否劝诱皇室回銮北京等。亲王答曰端郡王及其党羽是事变的责任者，故理应予以相当的处罚，更私下密言称，处罚办法将会徐徐推出。

本电报系9月25日发出之电，可参看之后一四六〇号文书。

一一四六　10月1日　外务大臣青木致驻北京内田政务局长电报

尽量使清廷还都及排除端郡王一派之训令文件

10月1日发

驻北京内田政务局长：

第63号

　　关于贵电第9号，阁下经由庆亲王催促皇室还京，并且将端郡王及其同党从随员中排斥的事情，还请尽力为之。

一一四七　10月2日　驻上海代理总领事小田切致外务大臣青木电报
在太原颁布之关于官吏人事变动上谕之报告文件
10月2日午后12时9分发,10月4日午前9时收
外务大臣青木:
第276号

在此将如下中文报纸上登载的官员更迭上谕记录下来:

鹿传霖继担任军机大臣后,又以候补尚书之位待命,锡良取代毓贤成为山西巡抚,毓贤则免职等待其他任命,陶模、魏光焘、岑春煊等则分别担任两广总督、陕甘总督及陕西巡抚。

附记1
公信第372号,10月10日接收

8月26日阴历八月初二日颁布的关于鹿传霖升任的上谕及27日阴历八月初三日颁布的人员保荐及官吏更迭的有关上谕均列于下:

上谕,鹿传霖著在军机大臣上行走。钦此。

上谕,为政首在得人,近年来各督抚保举人才,不免瞻徇情面,汲引私人,是上以实求者,下不以实应,大负朝廷求贤若渴之意。现在时局艰危,需才尤亟,各封疆大吏,均有以人事君之责,务各激发天良,虚衷延访,如有才猷卓著、克济时艰,无论官阶大小,出具切实考语,迅速保荐,以备录用。倘该督抚等仍蹈从前积习,滥列剡章,一经任用,辄至贻误,定将该原保大臣一并严惩,决不姑宽。至整军经武,端赖将才。近来各营平时训练,并不认真讲求,一经征调,漫无纪律,甚至扰累民间,实堪痛恨。各省制兵防营,星罗棋布,谅不乏折冲御侮之才。各抚如果平日留心考察,核实保荐,何

致临敌溃败不可收拾若此耶？着各该督抚,力祛痼弊,务选真才,有堪专之任者,即行保奏,用资采择。将此通谕知之。钦此。

上谕,毓贤着开缺,别候简用。山西巡抚着锡良补授。张曾敭着调补湖北布政使,福建布政使着周莲补授。吴重熹着补授福建按察使。钦此。

上谕,鹿传霖着以尚书候补。钦此。

上谕,王培佑着补授太常寺卿,顺天府府尹着陈夔龙补授。钦此。

上谕,陶模着调补两广总督,陕甘总督着魏光焘补授,岑春煊着补授陕西巡抚,甘肃布政使着升允补授,沈家本着补授山西按察使。钦此。

驻沪代理总领事　小田切万寿之助(印)

明治三十三年十月二日

附记2

公信第373号,10月10日接收

本年9月12日阴历八月十九日在山西行在颁布的九通上谕及28日、29日颁布的四通上谕,均将全文录于下方,其中重要处用红点标记。

八月十九日阳历9月12日奉上谕,江苏巡抚著松寿调补。钦此。

同日奉上谕,景星著补授江西巡抚,河南布政使著延祉补授,钟培著补授河南按察使,所遗直隶口北道员缺著灵椿补授。钦此。

同日奉上谕,直隶宣化府知府李肇南著开缺送部引见,所遗员缺著陈本补授。钦此。

同日奉上谕,晋昌著开缺听候查办,盛京副都统著讷钦补授。

钦此。

同日奉上谕,寿山著开缺听候查办,黑龙江将军著延茂补授,即赴新任,毋庸来见,未到任以前著萨保暂行署理。钦此。

初四日阳历8月28日奉上谕,鹿传霖奏词臣殉难,请旨优恤等语,翰林院编修王廷相励行敦品,学有本源,经李秉衡调赴军营,临难捐躯,大节凛然,殊深轸惜,着追赠五品卿衔,交部从优议恤。伊子举人王晋丰,以身殉父,遇救得生,洵属孝行可风,加恩着以主事用,用示笃念忠尽主意。钦此。

同日奉上谕,江苏江安粮储道员缺着效会补授,钦此。

同日奉上谕,步军统领着敬信补授,钦此。

同日奉上谕,镶红旗满洲都统着怀塔布调补,崇稷着调补镶蓝旗满洲都统,镶黄旗蒙古都统着善耆补授,芬车着补授镶白旗蒙古都统,正蓝旗蒙古都统着博迪苏补授,载卓着补授镶红旗汉军都统。钦此。

初五日阳历8月29日奉上谕,李廷箫调补甘肃布政使,山西布政使著升允调补,钦此。

同日奉上谕,溥良著调补镶黄旗护军统领,正红旗护军统领著那苏图补授,钦此。

同日奉上谕,正黄旗汉军副都统著那桐补授,继禄著补授正白旗汉军副都统,钦此。

初六日奉旨,现定闰八月初八日启銮,西幸长安。清江所设转运总局著即移至汉口,清江改为分局,自汉口以上应如何添设分局之处,著刘坤一、张之洞饬令恽祖祁妥为办理。钦此。

驻沪代理总领事　小田切万寿之助(印)

明治三十三年十月三日

附记 3

公信第 378 号,10 月 10 日接收

本年 9 月 30 日阴历闰八月初七日在山西太原行在颁布的两通上谕,全文如下：

上谕,岑春煊奏调员差遣一折,除广西思恩府知府余诚格,系实缺人员,不准奏调外,所有湖北候补道陈芝诰、副将王世雄,着湖北两江各督抚饬令各该员前往陕西,交岑春煊差遣委用。钦此。

又奉上谕,御史彭述奏,乘舆西幸,敬拟沿途应办事宜一折。此次启跸,西幸长安,该御史所陈随扈人员分起启行,及沿途供应不得过事铺张,本日业经分别降旨矣。惟各该兵勇人数众多,必须严加约束,方不致扰累地方。著统兵大员各按起数,各殿各军之后,严行督察,如有骚扰情事,即按照军律惩办,至兵勇过境,居民不免惊疑,往往将铺户预行关闭,或居奇抬价,致兵勇觅食维艰,现经降旨责成各该统领严为钤制,居民人等无所用其疑惧。着山西、陕西各巡抚,速饬各地方官即行出示晓谕,黏贴驿站大道,俾众周知。至随行太监及王公大臣等所带跟随人等,沿途尤恐不免有滋扰情事,着英年、岑春煊随时稽查奏明,从严惩办。钦此。

驻沪代理总领事　小田切万寿之助(印)

明治三十三年十月四日

附记 4

公信第 385 号,10 月 11 日接收

本年 10 月 1 日阴历闰八月初八日山西太原行在颁布的三道上谕如下：

上谕,著怀塔布管理圆明园八旗包衣、三旗官兵并鸟枪营事务。钦此。

上谕,著派广忠管理火器营事务。钦此。

上谕,善耆著补授宗人府右宗人,左宗人著溥伦补授,钦此。

驻沪代理总领事　小田切万寿之助(印)

明治三十三年十月五日

一一四八　10月3日　在天津内田政务局长致外务大臣青木电报

就惩凶上谕颁布之事及庆、荣两委员之任务与李鸿章之谈话文件

10月3日午前9时30分发,10月5日午前6时40分收

外务大臣青木:

第14号

关于本官第11号电信,李鸿章深为本官之访问为喜,并对日本帝国当此艰难之际而能终存善意深表谢意,并希望未来能一如既往保持这种友好。李氏很赞赏我军在天津、北京的森严军纪,称两地的中国人一定会为帝国军队祈福。

李氏又告知本官,之前电信第13号中报告的处罚王大臣的上谕,是他和刘坤一、张之洞、袁世凯等人联名剀切上奏,称若非执行前述处罚则议和谈判势难开启的结果。

本官据此又询问道:已无权力的皇帝和皇太后如何对相传擅权专行的王大臣执行处罚?李氏的答复含糊其词,但声称以上处罚已经得以施行。

李氏又称全权委员惟其一人,庆亲王与荣禄只是帮办,今后应当还会任命其他全权委员。

李氏告知其北京之行的时日尚未确定,且重要的两国公使俄、德尚在天津,赶赴北京将视情形而定。李氏目前居于俄国提供的

一处住宅中,并由俄军负责保护,实际上堪称俄国的俘虏,外国人并不喜与李氏会见。

一一五〇　10月4日　驻上海代理总领事小田切致外务大臣青木

关于发驾西安之上谕报告文件

公信第376号,10月10日接收

以下本年9月30日阴历闰八月初七日在太原行在颁布的行幸西安府上谕:

　　朕恭奉慈舆,驻跸太原,将近两旬,该省适值荒歉,千乘万骑,供亿维艰,食用皆昂,氓生滋累,每一念及,恧焉难安。且省城电报不通京外,往来要件,转辗每多延误。不得已,谨择于闰八月初八日,启銮西幸长安,沿途供顿及到陕起居服用,只取便道,承办各员不得过事铺张,致滋麋费。至于筹粮筹饷,责在疆臣。著各该督抚实力筹画,源源押解东南各省,转运较易,并著将筹定粮饷迅解行在,以资接济。将此通谕知之。钦此。

　　根据昨日报告的上谕及上述上谕来看,清国皇太后及皇帝已经确定离开太原赶赴西安,据比较可靠的消息,这次行幸或完全是由于鹿传霖在9月26日谒见皇太后之时奏称凭借西安险峻地势可以无忧的缘故。而在此上谕颁布的同时,又通过军机大臣向各省将军总督巡抚等官员下达了各省需要交付的粮饷贡品中尚有未及发送的,速速送往西安,而若已送出在途,也须转递西安。又根据与某名中国人的交谈,长安就是今天西安府的古称,在与该地有关的上谕中常将西安特称作长安,是因为对皇太后自身而言,长安最初有长久平安的意味,或是出于将其作为吉地而永住的目的。

外务大臣　青木周藏子爵阁下

　　　　　　　　驻沪代理总领事　小田切万寿之助（印）

　　　　　　　　　　　　　　　　明治三十三年十月四日

附记　十一月六日郑领事公信第 48 号

公信第 48 号，11 月 19 日接收

　　现将清国皇帝上谕中本官认为比较重要的部分挑选出来，敬请参考并提出意见。

外务大臣　加藤高明阁下

　　　　　　　　　　驻天津领事　郑永昌（印）

　　　　　　　　　　　　　　明治三十三年十一月六日

附件中闰八月初七日发驾西安的上谕之前已述，此处省略。

行幸西安之际严明军纪禁止骚扰之上谕。①

湖北巡抚人事更迭

　　根据闰八月十一日公历 10 月 4 日上谕，湖北巡抚于荫霖转任河南巡抚，裕长补授湖北巡抚。

开始和议、遵守条约、惩罚匪徒的上谕

　　八月十九日公历 9 月 12 日内阁奉上谕，朕钦奉慈禧端佑康颐昭豫庄诚寿恭钦献崇熙皇太后慈舆，暂时西巡，所有与各国应议事件已派王大臣等妥为照办，各省将军督抚务当照常办事，镇静民心，勿令扰乱，保守疆土，勿稍疏虞。于交涉事件，仍遵叠次谕旨，按照条约办理。倘有各种匪徒，借端生事，啸聚焚杀，意图乘机作乱，着即派兵立即剿平，勿令滋蔓扰动大局。各该将军督抚受恩深重，自

---

① 此上谕前文已载，不再赘述。

当共济艰难,消弭隐患,用副朝廷谆谆诰诫至意。钦此。

一一五一　10月6日　中国驻日公使致外务大臣青木送来刘张等人就清廷未还都之事之来电文件

两江总督刘、湖广总督张来电

　　圣驾幸陕,为太原甚苦,晋省年荒粮缺,又经毓抚引来拳匪扰乱数月,商民逃避,省城一空,故不得不幸陕暂驻。且陕省电与沪通,奏报请旨甚速,议款较晋为便,此皆实在为难情形。暂未回銮者,因京城各国兵未退,不免忧虑,并以兵灾后有瘟疫,此是人之常情,当蒙各国体谅。其实在陕与在晋同,并非以迁避拒和议,务望转达外部,免致猜疑至祷。刘坤一、张之洞真。闰八月十一日,公历10月4日。

李盛铎

三十三年10月6日自清国公使送至外务大臣。

一一五二　10月9日　驻上海代理总领事小田切致外务大臣青木

荣禄、盛宣怀、刘坤一关于谏止清廷西迁之电报译件

机密第115号,10月15日接收

盛宣怀致庆王、李鸿章之电报

　　10月7日,盛宣怀经由本邦驻北京公使馆向庆王及李鸿章发送了三通电报。下官立即将这些电报的主旨陈述于下:①

---

① 原书此处为三份电报的日译文,分别是别纸第一号电报译文(盛氏接收荣禄电报,转送庆亲王、李鸿章)、别纸第二号电报译文(盛宣怀致庆王、李鸿章电报)、别纸第三号电报译文(盛氏接收刘坤一电报转送李鸿章),此处日译文不录,仅呈现附件中三份电报的原文。

从以上电报可以窥知该国官吏及该国驻外使臣的处理意见之一端。现已经火速将其要领向尊处电禀,同时仍在附件中将原电抄件保留,供尊处参考。

外务大臣　青木周藏子爵阁下

驻沪代理总领事　小田切万寿之助(印)

明治三十三年十月九日

(附属书一)　第一号　寄京城庆亲王李中堂电闰八月十四日,公历 10 月 7 日。

顷荣相真电:初二旨实有转机,惟初十接滋轩函告西巡,准初八启銮,奈何?弟能否进京,须候傅相准信,缘因有甘军攻使馆之嫌,倘各国不肯接待,则莫如由傅相奏明,并谓刻已接督印,无须某驻守保定,请饬赴行在或可邀允。至攻使馆一事,弟苦心斡旋其间,惜外人不知此心,惟天可表耳。时事艰难,愚以为外人有要挟利害之词,即应直陈,切勿隐讳,两宫圣明,自能洞鉴,希转达傅相,何如。云宣叩元。

(附属书二)　第二号　寄北京庆王爷李中堂电闰八月十四日

吕使真电,德自奉复书,虽未尽释,已有转机,杨使单电奏谏幸陕,极痛切,惜已启銮,现商各督抚,请降旨宣明,事定撤兵即回銮,以安中外,各国谓祸首抵陕后,恃远员固,毒根愈深,无从收拾,似非无因。荣相电请钧处,直陈勿讳。若趁此时,内外合力或邀洞鉴,午桥赴潼迎驾,电奏可交冯光遹转递。名心叩愿。

(附属书三)　第三号　寄京城李中堂电闰八月十四日

岘电沪,转傅相电读悉,交议仍入直,难免外人借口,各使电奏极切实,若得全权,据各国言上陈,或可动听。疆吏未敢再言,各有分际也。祈杏翁密电傅相,筹度办理。云宣元。

一一五三　10月10日　驻芝罘领事田结〔铆三郎〕致外务大臣青木电报

清廷西巡情报文件

10月10日午前10时50分发，10日午后3时55分收

　　陆军中将荫昌自济南前来本地，对本官说了皇帝及太后正在迁幸西安途中。荫氏将依庆亲王之命前往北京。

附记1　10月13日代理总领事小田切公信第396号　清廷皇太后、皇帝自太原出发后有关情况之文件

公信第396号，10月18日接收

　　本日当地发行的某中文报纸登载了山西侯马发来的电报，据称，太后及皇帝自太原出发后，10月7日抵达赵城，当夜大雨，道路泥泞不堪，因此第二天仍滞留该地，9日早晨出发，10日到平阳府，11日到侯马镇，停留三日后继续前行。侯马地属曲沃县，在山西省内堪称巨镇，曲沃在平阳府以南120清里，平阳府在太原府西南560清里。

附记2　10月22日驻汉口濑川领事电报

10月22日午前10时20分发，22日午后4时50分收

外务大臣加藤：

　　皇室于周六抵达潼关，据报其抵达西安尚需五六日。

附记3　10月24日小田切领事电报第295号

10月24日午后7时1分发，24日午后10时30分收

外务大臣加藤：

　　皇室于10月21日自潼关启程向西安进发，预计在10月27日左右抵达。皇帝及西太后两陛下自太原出发时，下旨命庄亲王、端郡王留在该地，因此两位王爷目前仍依命滞留太原。另外，从盛

宣怀处闻得确报,刚毅已经在闻喜县附近死去。
附记4　10月28日濑川领事电报
10月28日午前9时20分发,28日午后2时50分收

外务大臣加藤:

昨日深夜接到海关道电报,据称皇室已经抵达西安。
附记5　10月29日小田切领事电报第301号
10月29日午后7时发,29日午后11时7分收

外务大臣加藤:

第301号

据盛宣怀对本官所言,皇室已于10月26日抵达长安,另外毓贤之死讯确实。

一一五四　10月13日　驻上海代理总领事小田切致外务大臣青木

照录关于官员人事变动之上谕

公信第397号,10月18日接受

本年10月4日以后颁布的各种上谕全文如下:

闻八月十一日公历10月4日抄奉上谕,銮舆行至义安村地方,突有疯人郭方(敦)源,自称义和团头目,异言异服,冲突仪仗,实属不法已极,着即行正法,以昭炯戒。介休县知县陈曰稔于此等匪类并不查拿,其平日纵容义和团可知,着即行革职,永不叙用。钦此。

又十三日公历10月6日奉上谕,岑春煊奏革办私扣车价、侵吞肥己,请旨严惩一折,已革管带前路粮台亲兵什长高维勋,前因沿途需索供应,业经奏参革职,发往新疆充当苦差,兹复查出该办在

灵石县差局勒索车价钱文一百四十六千之多,情节尤重。巡办沈汰任听高维勋主使,又有勒索小费情事,均属大干纪律,若不严行惩办,不足以儆效尤。高维勋、沈汰着一并即行正法,以昭炯戒。钦此。

同日奉上谕,于荫霖着调补河南巡抚,湖北巡抚着裕长调补。钦此。

十八日公历10月11日上谕,通政使司通政使著陈邦瑞补授。钦此。

同日奉上谕,湖北襄阳府知府员缺,著邓庆缜补授。钦此。

同日奉上谕,广西思恩府知府员缺著黄桂鋆补授。钦此。

同日奉上谕,江苏江宁府知府员缺紧要,著该督抚于通省知府内拣员调补,所遗员缺著钰斌补授。钦此。

敬具以上内容,立即报告尊处。

外务大臣　青木周藏子爵阁下

　　　　　　　驻上海代理总领事　小田切万寿之助(印)

　　　　　　　　　　　　明治三十三年十月十三日

本件中于荫霖任河南巡抚、裕长转任湖北巡抚等内容在同一天第289号文件中以电报形式披露。

一一五五　10月15日　驻福州领事丰岛〔舍松〕致外务大臣青木地方官变动及清廷西迁之情报文件

外机第42号,10月31日接受

据最近上谕,当地地方官发生了如下变动:

一、布政使张曾敫转任湖北布政使,按察使周莲转任布政使,山东人江南督粮道吴景(重)熹升任按察使,现正等待吴景

（重）熙到任，接管政务，此任命何时落实尚未可知。此前在给尊处的报告中通情达理、对我国持有好意的张布政使此际要转任他省，深感遗憾。

一、当地造币所、银元局由布政使总辖，洋务局长杨文鼎及陈同书负责总办，外提调为陈某，内提调为孙葆瑨，原福清县令王士骏为委员。

一、当地督抚过去在奏文中提到的向山西太原府派出的两名使者，于之前的9月初旬离开太原，在本月9日返回福州复命，据其所言，皇帝及太后驻跸于太原府巡抚衙门，随扈者中有四名病故，旅费极为缺乏，因此在途中多有阻力。圣驾抵达太原之际，该地士绅联名请愿希望借由巡抚弹劾端郡王及刚毅等人，结果该巡抚拒绝，不日绅士们便亲自去阙下请愿。

据说西太后毫无权力，一切政事皆由端郡王左右。

山西兵力颇厚，鹿传霖所管的各省勤王军陆续到达，聂士成及宋庆的部队也在陆续招募，各省及神机营的军队也合流，现在山西的军队总计不下十二三万人。

又称圣驾迁往陕西长安府，命令该地官员修缮宫殿。该使者称，在自太原启跸之际，有两名大臣被处斩，但其姓名未详。

本月4日收到了当地总督的如下电报：

一、和议未成，听说俄国攻打山海关，德国攻占保定，事甚危急，鹿、鹿传霖张名不详已经抵达太原。

18日接到了自上海发给本地总督的电报如下：

一、上谕：命刘坤一及张之洞进京，两江总督由长江水师提督董寿春代理，湖广总督由于巡抚代理。

一一五六　10月24日　驻上海代理总领事小田切致外务大臣加藤
拔擢鹿传霖及湖北河南两巡抚更替之文件
机密第124号,10月31日接受

　　鹿传霖以江苏巡抚补授尚书,继而又任军机大臣,这些事情在之前的电报和书信中已经加以报告。其人之荣升为先例之少见,蒙受如此殊恩,固然应该是基于刚毅等人的推举,但是最近有一种论调指出,之前銮驾刚抵达太原时受命随行的其他大臣大半因道路梗阻而未能及时赶到,而当听到北京情形危急时,彼时正在山东北部养病的鹿氏马上动身赶赴山西,成为最早到达太原府并在行宫服侍太后的人,太后十分欣慰,于是便有了前述的荣恩。

　　另外,鹿氏就任军机以来,他的势力正在扩大。他首先极力弹劾刘坤一,谴责他和各国领事缔结了维持南方和平的协定,而沦入叛臣之名。其次是关于上海海关道的更迭问题。这次事变以来,认真遵奉刘张二总督的命令,妥善维持上海和平局面的余联沅转任江西按察使,获得了名义上的升迁,而其后任程仪洛则被认为是极不合适的人选。其次,久受刘坤一恩惠的、在淮安从事官盐专卖的江苏省海州分司运判徐绍垣,利用自己的官职贩卖私盐,且拖欠政府盐税多达六七十万两,遂被人弹劾,于前月26日颁布的上谕中,被勒令速赔欠税,其本人亦遭革职,发配新疆服役,这虽是其本人渎职的咎由自取,但亦可见鹿传霖利用此事打压刘坤一势力的努力。终于在本月1日,太后及皇帝自太原出发前往西安。在此之前庆亲王等企图通过陈奏极力劝阻西迁,其他问官也大体同意,只有鹿传霖主张迁都长安,董福祥、马玉昆等武官也赞同其议,于是两宫便决议西行。

正如之前电报所载,湖北巡抚于荫霖转任河南,河南巡抚裕长则转任湖北,裕长是已故直隶总督裕禄的兄弟,在事变危急之际,其对外国传教士的处置大受外国人的非难,相反,于荫霖则因曾受过总督推举,即使二人之间有意见分歧,仍无关系破裂之忧。裕长与总督之间却无深交,一些外国人认为裕氏到任后坚持己见,定会将总督置于非常穷困之境遇中,会继续动摇刘、张两总督的地位,直到扰乱东南地区的和平为止。根据下官了解到的可靠消息,于巡抚赴任河南属于升迁,而裕巡抚赴任湖北则系降职。鹿、于二人向来亲密,于氏赴任河南自然得到鹿氏的推举,裕氏转任湖北则是为于氏牺牲。裕氏曾任直隶布政使,因为才能凡庸、性质怯懦而常蒙受李鸿章的训斥,所以据云其人若在湖北,张总督反而更容易驾驭,因此裕氏任官湖北的事实,与外国人的顾虑相反,不足为之忧心忡忡,值得担心的是鹿传霖势力的增加。现在的军机大臣之中,端郡王在太原,启秀在北京,荣禄尚在途中,而刚毅则已身死,因此扈从两宫的军机大臣仅王文韶、鹿传霖、赵舒翘等,而王氏已经垂垂老矣,赵氏之受信亦不及往日,辅翼皇室、赞襄政事、掌握权柄的,只有鹿氏一人。

总之,鹿氏肩挑军机大臣之重担的相关情形,如前所述,而其施政策略通过前记亦可见一斑。其人之为人,在本年4月2日的第29号机密信件中已经提及,正如下官在南京的出差报告中所述,该国学者普遍认为他是顽固守旧的人物,如此人物此刻却执掌枢垣,眼下开议在即,其人可能会对中外各国的议和条约产生妨碍,若任由其势力增长,刘、张二总督则会被排斥,而顽固守旧人物则会被推戴,亦难保东南各省不会陷入溃乱糜烂难以收拾的局面,决不能疏忽大意。

外务大臣　加藤高明阁下

　　　　　　　驻上海代理总领事　小田切万寿之助（印）

　　　　　　　　　　　　　明治三十三年十月二十四日

一一五七　10月25日　驻上海代理总领事小田切致外务大臣加藤电报

对于督抚等上奏谏止西迁之批复的报告文件

10月25日午后4时13分发，25日午后9时10分收

外务大臣加藤：

第297号

　　盛宣怀10月23日收到了10月13日颁布的给庆亲王、李鸿章、诸位总督巡抚及其他显宦盛氏亦在其中的上谕，此道上谕系针对刘坤一等人请求两宫明谕表示在议和结束后会迅速回銮的奏议而发，然而该上谕认为上奏者所言的和平目前尚难实现，且彼等对皇室缺乏同情，同时表示长安绝不会被当做永久的都城，要求各国与中国各自履行承诺，承认其具备完全的主权，待真正的和约签订后就次第返回北京。

附记　11月20日小田切代理总领事报告　诸总督关于谏止西迁之奏折

公信第454号，11月26日接收

　　之前皇帝和皇太后离开山西省太原府，迁往陕西西安，两江总督刘坤一等上了附页中的奏折，谏止西幸，译之于下：①

---

① 此处为日译文，不录。下文"附页"部分将奏折原文录入。

针对以上奏文的上谕,已在之前的机密文件第125号中报告,故在此处略去。

敬具以上译报,供尊处参考。

外务大臣　加藤高明阁下

　　　　　　　驻上海代理总领事　小田切万寿之助(印)
　　　　　　　明治三十三年十一月二十日

(附页)

南洋大臣两江总督刘坤一等跪奏,为偏安必不可成,京师必不可弃,吁恳降旨明示以定人心而安大局,恭折具陈仰祈圣鉴事:窃自拳匪肇乱,构衅列邦,津京相继失陷,辽东亦多失守,以致宗社震动,乘舆播迁,薄海臣民,皇皇失措,莫不谓拳党酿祸,贻误国家,疾首痛心,同切忧惧。迨叠奉明诏,车驾暂幸太原,剿抚匪徒,议及亲贵。仰见我皇太后、皇上昔者之苦衷,今者之明晰,虽外人尚未满意,而天下士庶已莫不钦仰感动,鼓舞欢欣,方冀畿辅廓清,指日回銮,上慰九庙在天之灵,下遂亿兆苍生之望。日昨恭读电传本月初六日谕旨,现定闰八月初八日启銮西幸长安等因,钦此。臣等私忧过虑,有不得不具陈于我皇太后、皇上之前者。伏查自古国家多难之时,亦有迁都之举,然必须敌人不能悬军深入,即深入亦不能持久,我始能立国图存。今日联军谋坚势众,实与古来不同,况陕西自宋元明至同治以来,屡次兵火,商稀民瘠,古称天府,今非雄都,又与新疆、甘肃为邻,新疆近逼强俄,甘肃尤为回薮,内讧外患,在在可虞。较之京师,素云完善,即就目下言之,各国方以新胜之师联合图进,我能往,彼亦能往,不畏数万里之海,岂畏数千里之陆?恐山川之险,未可凭恃,即偏安之局不可达成。且京师根本重地,四方所拱极而朝宗者也,宗庙宫阙、列祖列宗之神灵所式凭者也,二百余年来邦基固矣,一旦弃之,不特失臣民之望,度亦非圣心所安。前闻各国曾请退兵回銮,不占土地,无论所请果否出于至诚,正可借回銮之说以速其撤兵之议。倘西幸逾远,拂各国之请,阻就款之忱,万一激变宗旨,洋兵不撤,京畿从此沦胥矣。辽东不复,陵寝从此鼎革矣。一国变计,各国争先,外而沿江沿海,处处侵占,内而奸宄生心,纷纷扰乱,瓜分之局成,糜烂之祸亟,人心愈摇,饷源愈竭,运道愈梗,而朝廷徒局促偏安,为闭关自守之计。夫以偏僻凋敝之秦陇,供万乘百官之资粮,久将不给,以屡次挫夫之弱兵,抗合纵连衡之强国,势必难支,存亡关键,实在于此,臣等万死,奚足补救。伏乞皇太后、皇上追念列祖列宗创垂之艰难,俯念满洲八旗生齿之繁衍,外顺各国迎驾之请,内慰臣庶恋阙之心,拟请睿裁,收回幸陕成命。若乘舆已发,驻陕伊迩,势难折回,亦乞明降谕旨以告天下,具言此次幸陕亦系暂计,俟畿辅稍定,即行回銮,并简派王大臣致祭宗庙,恭谒诸陵,示天下以朝廷不忘宗庙陵寝之重,断无终不回銮之理。一面饬令全权大臣等婉告各国使臣,果真退兵,示以必返,庶足以定人心而安大局。臣等愚虑所及,不敢不昧死沥陈,谨合词电由护陕抚臣端方缮折具奏,伏乞皇太后皇上圣鉴指示,谨奏。

再,臣等正会商电奏间,续奉本月初七日谕旨,太原荒歉,供亿维艰,且电报不通,辗转延误,不得已西幸长安等因,钦此。仰见天心仁爱,体念民生,并以时局急迫,深虑要件或有迟误,故为此不得已之举。是驻跸长安可暂不可久,已在圣明洞鉴之中。顾臣等辍辍过虑者,则以宗社为重,深恐各国以自弃京城为言,变其宗旨,分占要地,停战无日,开议无期,大局不可收拾。仍恳俯如臣等所请,明降谕旨,以慰臣庶之心,以遂各国之望。谨附片具陈,伏乞圣鉴,谨奏。

再,接使俄大臣杨儒电述外部之语,曰势必大举西向,恐未成咸阳之居,又将税兰州之驾等语。臣等所闻,各国议论,大率皆同,今日幸陕之举议者,必以为秦中远隔海口,有黄河潼关为限,险隘可守,敌来较难,拒敌较易,不知古今兵事实有不同,八国环攻与一国构兵又不同,今日战斗须凭枪力,守御须凭炮力,潼关、同州等处之黄河仅宽四五里,愈上愈狭,外国陆路行营快炮七生的口径者,及八九生的口径用马拖运者,可击七八里,新式长田鸡炮可隔山遥击数里,中国皆无之,仅凭土炮、小洋炮岂能守河守关?各省枪少弹缺,自造无多,假使洋兵深入中原,运道必然梗阻,不过数战,弹子即罄,虽有忠义军民,徒手亦难击敌。盖一国则深入难,八国则接济易,此陕省拒敌之难也。又查外洋通例,凡系有和约之国,必驻公使,若其国为公使所不能驻者,即不视为与国,一立和约,即使迁都陕西,各国肯允,亦必各遣公使来陕驻扎,经此次变故以后,使馆必派洋兵保护,距海愈远,洋兵愈多,且山西、河南、直隶一路,必节节皆驻重兵,是无论迁都何处,必有使馆洋兵,徒使中原数千里,皆为洋兵盘踞,此陕省迁郡之难也。总之,陪都之计,全在平日经营,若战败以后,敌人必不许我矣。守险远海,亦御敌之一策,若海口既已属人,内地素无守具,则险者失其险矣。各国并力,各省分扰,彼有接济之便,我无持久之力,腹背受敌,跋前实后,则远者失其远矣。此须俟事定以后,从容筹之,遇一国生之时,必先结援数国,移跸陪都,军械充足,炮台周密,再行开战,最为要着,然非所论于此时也。以上各情,恐议者或未详考,不敢不据实上陈,以备朝廷裁度。合词附片奏陈,伏祈圣鉴。谨奏。

一一五八　10月25日　驻上海代理总领事小田切致外务大臣加藤

对刘坤一等人上奏之批答文件

机密第125号，10月31日接受

　　这次中国皇帝正在巡幸地处偏僻的西安，在处理政务上尤为不便，况且近来各国政府屡屡以保邦交安民情作为忠告，劝两宫回銮，见此情形，两江总督刘坤一便与南方各督抚等商议联衔会奏，表示若目前难以一时回銮，则应择机明发上谕，宣示内外，告知回銮日期。皇帝在13日时对该上奏作出回应，下为译文。[①]

以上奏请参看之后的一二六〇号文书。

（附属书）

　　九月初一日公历10月23日奉闰八月二十日公历10月13日上谕，刘坤一等合词吁恳事定回銮，先行宣示各折片览奏均悉。此次拳教纷争，剿抚两难，以致衅启邻邦，震惊宫阙，朕恭奉慈舆，于枪林弹雨之中仓皇西幸，中途跋涉蒙尘，艰苦万状，有为该督等所不忍闻者。朕驭下无方，业经引咎自责，并将办理不善之王大臣分别重惩，原期和议速定，早日回銮，以安宗社而定人心，岂有甘就偏安、轻弃京师之理？惟现在奕劻、李鸿章在京与各国使臣尚未开议，洋兵在京分段据守，即来往官民尚难自便，若遽议回銮，试问是何景象？但使各国与中国真心和好，不夺我自主之权，勿强以所必不能行之事，一有成议，自当即日降旨，定期回銮。至目前巡幸长安，原系暂行驻跸，前降谕旨意甚明晰，凡此不得已之苦衷，当为天下臣民所共谅，岂该督等老成谋国，尚未能仰体及此耶！此中机

[①] 此处为日译文，不录。下文的"附属书"部分将上谕原文录入。

括,朕筹之已熟,该督等惟有谨守封疆,接济行在,朕实有厚望焉。将此由六百里谕令奕劻、李鸿章、绰哈布、寿荫、常恩、善联、刘坤一、张之洞、奎俊、许应骙、魏光焘、德寿、于荫霖、俞廉三、袁世凯、刘树堂、王之春、聂缉规、盛宣怀知之。钦此。

一一五九　10月26日　中国驻日公使致外务大臣加藤刚毅、毓贤死去之情报文件

湖广总督张来电

陕抚电,刚毅廿五日死,公历10月18日毓贤吞金死,均确,端不准随扈等语,望速告外部,晋匪我自痛剿,联军勿攻山西,祈复,洞,江。公历10月26日。

三十三年10月26日中国驻日公使来见,与三桥办理公使会面并交递此文件。

附记1　10月23日芝罘田结领事来电

10月23日午后4时25分发,10月24日午前12时50分收
外务大臣青木:

袁世凯将刚毅死去的缘由报告给了税务司,该报告源于自陕西潼关发送给袁氏的电报。

附记2　10月24日代理总领事小田切公信第408号

有关庄、端二王及刚毅之文件
公信第408号,10月31日接受

根据盛宣怀昨天的话,此次两宫自太原前往西安之际,没有命端、庄二王随扈,是以此二人目下仍留居太原。另外,根据盛宣怀本日的书信,刚毅在随扈途中染上痢疾,因此留在平阳府,之后在高显驿病势加重。作为扈从官员之一的何乃莹专门回来处理其后

事。此事系由某人在本月十二日于闻喜县报告,并在昨日济南府发来的电报中由巡抚袁世凯予以陈述。观诸上述情形,近日在当地各大报纸上刊登的刚毅死了的说法,恐怕是真的。

外务大臣　加藤高明阁下

　　　　　　　驻上海代理总领事　小田切万寿之助(印)
　　　　　　　　　　　　　　明治三十三年十月二十四日

附记3　10月26日汉口濑川领事来电

10月26日午后1时发,26日午后6时50分到

外务大臣加藤:

　　由本官最可靠的消息来源处得知,刚毅、毓贤都死了,端郡王也被禁止随扈皇室前往西安,另外有传言称董福祥赶赴甘肃是为募集军队,本官尚未确定其真伪。湖北巡抚于荫霖已将官印交与张之洞,于10月30日向河南出发,张氏暂时一人兼领两职,又听说裕长十分抗拒前来此地。皇室到达西安,尚未得到相关情报。

附记4　10月27日小田切领事来电第300号

10月27日午后2时5分发,27日午后6时25分收

外务大臣加藤:

第300号

　　前山西巡抚毓贤自知按照外人要求,其难免严罚,故于10月22日于山西吞金自杀。

附记5　10月28日驻华西公使来电第64号

10月28日午前8时发,28日午后4时50分收

外务大臣加藤:

第 64 号

　　李鸿章今日给本官写了私人书信,通知我他接到了刚毅病死、毓贤吞金自尽的电报。

附记 6　11 月 7 日小田切领事来电第 303 号

11 月 7 日午后 3 时 10 分发,7 日午后 6 时 50 分收

　　张之洞给本官发来了如下电报:

　　据陕西巡抚最近发来的电报,虽然关于毓贤自杀的报道是确实的,但是其人离开太原之后前往何处并不明确,而且据说,毓贤的后任锡良为了镇压山西的拳匪而采取了严厉的措施。

附记 7　11 月 10 日濑川领事来电

11 月 10 日午后 9 时 10 分发,11 月 12 日午前 8 时 30 分收

加藤外务大臣:

　　根据可靠情报,毓贤尚未身死,推测应该是逃亡河南。据悉逮捕并处刑毓贤的上谕颁布之时,董福祥及其军队也到达了西安。

附记 8　11 月 13 日小田切领事来电第 308 号

毓贤革职情报

11 月 13 日午后 9 时 8 分发,11 月 14 日午后 11 时 46 分收

加藤外务大臣:

第 308 号

　　11 月 8 日发布的上谕对盛宣怀的奏折注做出批复,他的奏折弹劾毓贤在山西省对中外人士做出的失德罪行。根据这道上谕,公开宣布毓贤已被革职定罪,命令派员将其拘留看管。

　　盛宣怀告诉本官,前山西巡抚目前正被拘留在陕西省渭南县。见之后的一一六七号文书。

一一六〇　11月6日　驻上海代理总领事小田切致外务大臣加藤

有关清廷西巡情形及其他之文件

公信第428号，11月12日接收

　　本月2日，当地发行的某报纸刊行了来自太原友人的通信，据称，两宫在行幸西安之前，于9月28日，命董福祥军作为先头部队，扈从的王公大臣及其他有职务的官吏作为第二队于10月1日随驾出发，另外马玉昆军队及没有实职的官员等作为第三队殿后。董福祥依命在9月30日率领步兵十九营、马队十二旗先行，神机营一千三百四十名、虎神营一千一百名同时出发，而两宫则于次日在陕抚岑春煊部下威远军前后左右四旗马队的护卫下，行三十里至小店吃午餐，又行五十里到徐沟县住宿一夜，沿途一天的行程以三十里为度，在有四五十里路程的地方，会在中途下旨稍事休息。而马玉昆部下各营与未有实职的官员们则于10月2日自太原出发前赴西安。

　　又，根据某报纸的记载，庄亲王已经被剥夺爵位和官职，之后他决心投奔河南巡抚裕长，但因有随扈之命，故最终得以与两宫同行，又因各亲王爵位被剥离后，其俸禄也被同时限制，或因其后岑巡抚奏请的结果而照从前一样拨给。

　　又，前日传来前山西巡抚毓贤服毒自杀的说法，根据我目前所听说的，该巡抚后来被人所救，目前尚在太原。又，之前被授予两广总督的前陕甘总督陶模出现了吐血的症状，因此请求免官，但未获允。之后为了奉迎圣驾到了蒲州府，10月26日到达西安，再次吐血，自该地南下汉口，由是更坚定了引退的决心。

外务大臣　加藤高明阁下

　　　　驻上海代理总领事　小田切万寿之助（印）

　　　　　　　明治三十三年十一月六日

一一六　11月6日　驻上海代理总领事小田切致外务大臣加藤

照录在西安颁布之各种上谕

公信第427号,11月12日接受

　　本年自10月27日起至11月1日间于陕西西安行在颁布的各种上谕在附件中开列,其中比较重要的内容有敬信任吏部尚书、崇礼任户部尚书、贵恒任刑部尚书,鹿传霖则被授予都察院左都御史并由署理礼部尚书变为实授,绰哈布补授黑龙江将军,四川总督奎俊署理成都将军,班广盛授浙江处州镇总兵,礼部尚书廖寿恒恩准因病辞职,启秀因在丧中,怀塔布兼任礼部尚书。

附属书

（附页）

　　九月十一日电传。

　　初五日公历10月27日奉上谕,吏部尚书著敬信调补,崇礼著调补户部尚书,刑部尚书著贵恒补授,钦此。

　　同日奉上谕,都察院左都御史著鹿传霖补授,钦此。

　　同日奉上谕,现在礼部堂官尚未前来行在,吏部尚书著鹿传霖署理,徐会沣毋庸兼署,钦此。

　　初六日奉上谕,浴钢著授为驻藏办事大臣,钦此。

　　同日奉上谕,绰哈布著调补黑龙江将军,成都将军著奎俊暂行兼署。钦此。

同日奉上谕,浙江处州镇总兵员缺,著班广盛补授,钦此。

初七日公历10月29日奉上谕,四川候补道安成赏给副都统衔,作为驻藏帮办大臣,循例驰驿前往,钦此。

同日奉上谕,袁世凯奏大员殉节吁恳恩施、据情代奏一折,二品衔国子监祭酒王懿荣敦品绩学,持躬清正,供奉南斋,叠承恩眷,平日夙怀忠义,思济时艰,本年七月间被难捐躯,从容就义,洵属大节凛然,加恩着追赠侍郎衔,照侍郎例赐恤,其妻谢氏及其长子妇张氏亦同时殉难,忠烈孝义,萃于一门,允宜特豫褒扬,以彰贞节。王谢氏、王张氏均着准其旌表,伊长孙王福坤着俟服阕后以主事分部行走,该部知道,钦此。

同日奉上谕,廖寿恒奏病久未痊,恳准开缺一折,礼部尚书廖寿恒着准其开缺,钦此。

同日奉上谕,厢蓝旗蒙古副都统着皓沣补授,钦此。

同日奉上谕,工部左侍郎着继禄补授,钦此。

初十日公历11月1日奉上谕,礼部右侍郎着陆润庠补授,仍兼署工部左侍郎,钦此。

同日奉上谕,瞿鸿禨现已补授都察院左都御史,着回京供职,钦此。

同日奉上谕,本年届应放学政之期,除奉天、山东、安徽、浙江、陕西均毋庸更换外,顺天着陆宝忠去,江苏着李殿林去,山西着刘嘉琛去,河南着林开谟去,甘肃着吴纬炳去,福建着檀玑去,江西着吴士鉴去,湖北着蒋式芬去,湖南着戴昌去,四川着吴郁生去,广东着溥良去,广西着刘家模去,云南着田智枚去,贵州着赵惟熙去,钦此。

九月十四日电传。

初九日奉上谕,都察院左都御史着瞿鸿禨补授,未到任以前,着葛宝华署理,钦此。

同日奉上谕,礼部尚书着鹿傅霖补授,钦此。

同日奉上谕,启秀现在穿孝,正(镶)白旗满洲都统着广忠兼署,钦此。

同日奉上谕,启秀现在穿孝,礼部尚书着怀塔布兼署,钦此。

附记1　12月3日小田切代理总领事公信第469号上谕报告文件

公信第469号,12月10日接受

在附页中记录了本年自11月21日至30日之间的上谕,其中内容比较重要的是张人骏授漕运总督,胡廷干授山东布政使,胡景桂授湖南按察使,尚其亨授山东按察使,达斌授山东督粮道,世杰授浙江按察使,黄祖络授浙江盐运使,徐兆丰授福建兴泉永道等。这次由山东布政使转任漕运总督的张人骏据闻为军机大臣鹿传霖的亲戚,足见鹿氏势力日益强盛。

(附页)

上谕电传:

昨日巳刻,本馆接奉西安来电,内开九月三十日公历11月21日行在内阁抄奉上谕,刘坤一奏总兵因病出缺恳恩赐恤一折,记名提督安徽寿春镇总兵郭宝昌,于咸丰年间投郊军营,转战直隶、江苏、安徽、河南、山东、山西、湖北、陕西等省,所向克捷,卓著战功,历膺专□,均称厥职,统带卓胜,全军办理皖防尤资得力。兹据奏称,因病出缺,深堪轸惜,郭宝昌加恩着照提督军营立功后积劳病故例赐恤,任内一切处分悉豫开复,应得恤典,该衙门察例具奏,该故总兵有无子嗣,并着该督查明具奏,钦此。

同日奉上谕,本日召见之江苏试用道达斌,着交军机处存记,遇有道员缺出,请旨简放,钦此。

十月初一日公历11月22日奉上谕,宋朝儒着调补安徽寿春镇总兵,所遗江西九江镇总兵员缺,着张行志补授,钦此。

初二日公历11月23日奉上谕,刑部左侍郎着薛允升署理,钦此。

初四日奉上谕,御史管廷献奏陕省年饥粮贵,小民生计维艰,请肃营规以通商贾而裕食用一折,陕省现值灾歉,民食维艰,全赖商贾源源贩运以资接济,若如该御史所奏,兵勇占住民房诸多骚扰,以至商旅裹足,粮价日昂,实属不成事体。所有各处勇营着该统领等严饬,一律筑立营垒,居住帐房,不准占居民房客店,致碍商贾。至西安省城内之营勇,除虎神、神机两营,已饬派旗营驻扎操演及现留护卫供差外,着岑春煊查明,无论何营,一并饬于郊外择地支帐立营,均不许占住民房客店,并着出示,招徕商贾运贩米粮,以济民食,凡运粮过境,即着各该省督抚通饬各州县设立堆卡,认真护送,并饬陕豫一带关卡,将粮石税厘暂行豁免,以恤商力而拯荒歉。此后倘仍有兵勇散处纷扰,即将该营管带严行参办,其商贾运粮如有州县需索遏粜之弊,并着指名严参,均勿徇纵,将此通谕知之,钦此。

同日奉上谕,松椿着即开缺,漕运总督着张人骏补授,钦此。

初五日奉上谕,山东布政使着胡廷干补授,胡景桂着调补湖南按察使,山东按察使着尚其亨补授,所遗山东督粮道员缺着达斌补授,钦此。

同日奉上谕,浙江按察使着世杰补授,所遗浙江盐运使员缺着黄祖络补授,钦此。

初六日公历11月27日奉上谕,丰升阿等奏副喇嘛开缺拟定正陪,请旨简放一折,即着拟正之那玛海占田补授,钦此。

同日奉上谕,福建福州府知府员缺紧要,着该督于通省知府内拣员调补,所遗员缺着万本敦补授,钦此。

上谕电传:

昨日巳刻,本馆接奉西安来电,内开本月初九日公历11月30日行在内阁抄奉上谕,朕恭奉慈舆,巡幸陕西,所有潼关、华阴、华州、渭南、临潼、咸宁各厅州县,跸路经过地方,本年应征钱粮,业经加恩豁免。现在驻跸长安,徭役较繁,民力未免拮据,自应一体加恩,以示体恤。着岑春煊即饬藩司,于长安县本年钱粮银钞,应征应免,迅速分别办理,并着刊刻誊黄,颁示张贴,务期实惠及民,毋任吏胥舞弊,用副朝廷巡方施惠至意,钦此。

同日奉上谕,桂祥现在随扈,厢白旗汉军都统着崇礼兼署,钦此。

同日奉上谕,守护东陵着奎经去,钦此。

附记2　12月11日小田切代理总领事公信第479号上谕报告文件

公信第479号,12月20日接受

12月4日、6日及7日颁布的上谕见于附页,比较重要的内容有孙家鼐授礼部尚书兼翰林院掌院学士,鹿传霖授户部尚书,徐郙授吏部尚书兼协办大学士,崇礼授户部尚书兼协办大学士,另外王文韶被授予大学士及管理户部事务的职务。

关于上文提到的孙家鼐的个人履历,据闻,前几年,清国皇帝新政施行之际,许多其他大官都以墨守旧法而颇不副圣意,孙氏为了挽救清国的不振,以君臣共力经营之意,受皇帝眷顾不浅,每施行一新政,皇帝必嘱咐孙氏,现在的京师大学堂及以外国书籍翻译为目的的官书局,亦皆依孙氏的尽力维持。然而之后发生了政变,结果太后训政,之后孙氏的地位声誉虽然没变低,也没有被谴责,但是随着圣眷衰退,大学堂和官书局的事务越来越难以按照孙氏之意办理,他终于称病告退。尽管如此,却仍然希冀得到皇太后的重用。另外,王文韶一直以来以圆滑著称,平素一直抱持在帝后之间的调和主义,对皇太后来说,一直不足轻重,这次西幸后,在读过李鸿章弹劾端郡王及其他肇乱者的奏章后,顿悟自己用人失误,之后重要的国事均与王氏商量,两宫之间的关系也更加亲密了。以上二人被重用,是预示着清国官场高层中中间派、稳健派和多少带有开明思想的人物势力开始增加,这种说法恐怕不是谬误之言。另外,魏光焘自陕甘总督转任云贵总督之前已经报道,根据之后的探闻,魏氏平素与董福祥不和,因此其部下两万精兵与董氏部下何时发生冲突难以预计,因此有此项任命。

外务大臣　加藤高明阁下

　　　　　驻上海代理总领事　小田切万寿之助(印)

　　　　　明治三十三年十二月十一日

(附页)

　　上谕电传:

　　昨日巳刻,本馆接奉西安来电,内开本月十三日公历12月4日行在内阁抄奉上谕,长春着调补成都副都统,西安左翼副都统着恩存调补,钦此。

　　十五日公历12月6日奉旨,崇文门正监督着善耆去,副监督着敬信去,钦此。

同日奉上谕,前协办大学士吏部尚书孙家鼐,现已病痊,着补授礼部尚书,钦此。

同日奉上谕,魏光焘现已调补云贵总督,着即来行在陛见,陕甘总督着李廷箫护理,未到任以前,着何福堃暂护,钦此。

同日奉上谕,鹿传霖着调补户部尚书,钦此。

同日奉上谕,徐郙着以吏部尚书协办大学士,钦此。

同日奉上谕,崇礼着以户部尚书协办大学士,钦此。

同日奉上谕,王文韶着授为大学士,管理户部事务,钦此。

十六日公历12月7日奉上谕,松椿奏霜降安澜一折,本年南河秋泛叠涨,各厅扫坝时形蛰动,经松椿督饬在工员办,合力防护,现在节逾霜降,各工一律平稳,仰赖神灵护佑,普庆安澜,朕心实深寅感。着松椿亲诣大王、将军各庙,敬谨祀谢,用答神庥,钦此。

同日奉上谕,孙家鼐着补授翰林院掌院学士,钦此。

一一六二 11月9日 驻上海代理总领事小田切致外务大臣加藤电报

端郡王、庄亲王及荣禄之所在的报告文件

11月9日午后8时21分发,9日午后11时10分收

外务大臣加藤:

第304号

盛宣怀告诉本官,他花了21万镑买下了上海到大沽之间的海底电线,另外他告诉我,根据来自甘肃平凉的电报,端郡王数日前赴宁夏途中经过该地,该王为了与其亲戚宁夏将军同住,不得不前往该地。端郡王此行应该是独自行动。

庄亲王的所在尚不明朗，荣禄则在奔赴西安的途中，并于11月9日抵达潼关。

一一六三　11月9日　驻上海代理总领事小田切致外务大臣加藤

湖广、四川、安徽各省督抚调动之风闻文件

机密第132号，10月15日接受

之前当地发行的德文报纸声称，现任安徽巡抚王之春将任四川总督，而江苏布政使聂缉椝则将会成为徽抚的继任者。又称根据某个与张之洞幕下小官交好的官员得来的情报，张总督因被命令赶赴西安，而为长江和平难以维持忧心忡忡。根据内部消息，之前两江总督刘坤一等人对未来政府人物进行密议，计划在军机处中加入现任四川总督奎俊及张总督。另外，拟派王之春继任川督，聂缉椝拟继任安徽巡抚，以此内外相应，筹备改革国政。这件事情已经通知了庆王和李鸿章，不知是否因此而使此消息泄露到外界，德文报纸立刻抓住机会，将四川总督及安徽巡抚将要调动的消息披露，不过张总督不知何故并不想入军机，在听闻刘总督等人的计划后表示不能赞成。而湖北某官员对我说，据内部消息，张总督前往西安一事，也被认为与此事有关。在前述刘总督的心中堪当中央及地方要职的人，计有现任山东巡抚袁世凯、大理寺少卿盛宣怀，以及驻英、美、俄公使杨儒、罗丰禄、伍廷芳，能够在将来料理国政之时挽狂澜于既倒、扶大厦于将倾。然而如现在这般，礼部尚书鹿传霖倚仗君宠、独断百政之时，纵令奎俊、张之洞进入军机处，也应该没有施展抱负的机会，这是需要注意的地方。将以上内容附记于此，以为尊处参考之一端。

外务大臣　　加藤高明阁下

　　　　　　　驻上海代理总领事　　小田切万寿之助（印）

　　　　　　　　明治三十三年十一月九日

一一六四　11月12日　驻上海代理总领事小田切致外务大臣加藤

刘坤一就派遣官员至南京催纳贡赋一说之电报文件

11月12日午后9时3分发，11月13日午前12时35分收

外务大臣加藤：

第307号

　　眼下清国当地的行动，为了对两江总督提出上纳金钱贡赋以供皇室使用的要求，清国皇帝将湖南巡抚的一个做官的儿子俞某派往南京，关于这个传闻，根据刘坤一给本官发来的电报，称该官吏毫不犹豫地奉陕西巡抚之命来到南京敦促将规定的贡赋送往北方，尽管他没有携带任何亲笔信，无权干预一般的财政及外债事宜。

一一六五　11月12日　驻汉口领事濑川致外务大臣加藤

毓贤之所在及董福祥难以处罚一事之报告文件

机密第51号，11月21日接收

　　有传言称，前山西巡抚毓贤尚未身死，而是往河南方向逃亡，且董福祥及其统率部队已到达西安，鄙处立刻将此事通过电报向尊处报告。至于毓贤去世的消息，当地海关道在上月24、25日时便通过电报告知，之后同样的电报也送抵总理衙门。后来，毓贤尚在人世的传言出现，经张总督通过电报咨询，在几日前才确认毓贤

还活着。下官今日访问海关道，从该处得知，命令山西及河南巡抚逮捕并处罚毓贤的上谕乃是基于陕西巡抚岑春煊的奏报。岑巡抚是前云贵总督岑毓英之子，也是本地海关道岑春蓂的兄长，是眼下在西安政府中受到宠信且极有势力的人物。

岑道台声称，行在设于西安巡抚衙门内，本年该地区非常歉收，米谷及其他日用需求品的供给多仰仗其他地方，但要运到本地，往往需时两月左右，因此西安皇室及百官在生活办事等方面的不便，远远超出预想，这是让岑巡抚十分苦恼的。另外，皇室将继续迁往四川成都的传闻也是完全没有根据的，该道台和张总督都保证并没有得到来自西安的消息。另外，西安政府目前机要政务主要由鹿传霖、王文韶、赵舒翘负责，荣禄远在途中，尚未抵达。

关于董福祥的事情久不得闻，昨天其人之所在才始见端倪。一说董氏驻留在潼关。其人率领一万左右的兵力，因此皇室明里表示难以对其施加处罚，暗地里却依托其保护，南方诸总督早已对董的跋扈深感不忿，于是一同上奏，并称若董氏势力未有削弱，则外国军队会经直隶山西一路到达陕西来逮捕董福祥。是为恫吓之词。以此为契机，开始处理董福祥。眼下类似于张总督的王文韶、岑春煊预计是最可靠的，而赵、鹿之流则会危害清国社稷。

联军在保定府杀害布政使及其他高官一事，对当地官场有持续性的刺激。今日下官与道台面见时，解释了联军攻击保定的理由，日本最值得赞许的，就是对这次攻击没有施加影响。

另外，两宫在大约还京的时候，是通过山西前路还是经武昌走水路，该道台称还不十分了解相关的情况。

本港口目前有英国军舰达芙涅号和乌德考速克号，德国军舰伊儿汽斯、法国军舰里昂号等四舰停泊，扬子江沿岸各地整体安静稳定,商业状况依然停滞,民心尚未安堵。

外务大臣　加藤高明阁下

驻汉口领事　濑川浅之进(印)

明治三十三年十一月十二日

一一六六　11月15日　驻上海代理总领事小田切致外务大臣加藤电报

有关处罚元凶上谕要旨之译件

11月15日午后7时40分发,11月16日午前12时15分收

外务大臣加藤:

第309号

盛宣怀给本官送来了11月13日颁布的下述上谕。①

以上谕旨中未见董福祥之名,殊为怪异。与目前情况相似的是,对于拥有麾下重兵、从者云集的董福祥,几乎不能指望其受到任何惩罚。

一一六七　11月16日　驻上海代理总领事小田切致外务大臣加藤

惩罚元凶上谕及盛宣怀弹劾毓贤之报告文件

机密第133号,11月22日接受

对于与此次义和团事件有关的王公大臣等人的处分,本年11月13日自陕西西安行在颁布了上谕,其全文见于附件第1号,其

---

① 此处为上谕的日译文,该上谕即为一一六七号文件中"附属书一"的内容,故不再赘录。

译文如下。①

考察之所以颁行上述上谕，一是因为此前对与义和团事件有关的王公大臣等的处罚失之过轻，以至外国人颇有啧啧议论者；一是因为在 11 月 12 日，即该上谕颁布的前一天，荣禄抵达西安，并就处罚以上王公大臣之事上奏，应该对该谕的颁布产生影响。第二种说法是从可靠渠道得知。然而该谕之中可议者尚属不少，尤其是对赵舒翘的处分不可谓不轻。而招嫌尤甚者，在于谕中无一言论及何以处置董福祥。依据下官所见，尽管存在诸如董福祥已经回到甘肃，或因惧怕受惩而在该地举旗造反等种种风说，实则其仍拥其精兵，正屯驻于西安附近。若清廷皇帝一定要对董福祥施加惩罚，又恐怕变生肘腋，这应是一时未敢对其轻动的原因。

另外，盛宣怀在奏陈其他事宜的同时，兼劾及前山西巡抚毓贤，奏文详见"附属书二"。关于毓贤，如今中国驻外公使在弹劾端郡王、刚毅、董福祥等人的同时，亦有劾及，但其他清廷大吏却未有弹劾他的情况。作为这次上奏的结果，11 月 8 日降下了将毓贤看管候办的上谕；同时将其交付渭南县看管。然而根据前引上谕，毓贤被发遣极边，充当苦差，永不释回，应该说最终还是受到了不轻的处罚。

要言之，对于以上处置与义和团事件相关的王公大臣人等的上谕，各国政府满意与否，固难确言，但他们肯定会指责对端、庄二王及毓贤等人的处分过轻。如果最终在最特殊的情况下，各国不得已接受了上述的惩罚结果，那么期望清廷能够始终如一地去执

---

① 此处为上谕的日译文，略去不表，原文见"附属书一"。

行就显得尤为紧要。不然,恐怕顽固官员将于他日再起,重握实权,实在危险。如此,则有进步思想之官员将难以在日后重组政府、大展抱负。

外务大臣　加藤高明阁下

     驻上海代理总领事　小田切万寿之助(印)

        明治三十三年十一月十六日

(附属书一)　照录九月廿二日公历11月13日元凶惩罚上谕

  九月二十二日公历11月13日内阁奉上谕,此次肇祸诸臣,纵庇拳匪,开衅友邦,贻忧宗社,前经降旨分别惩处,现在京畿一带拳匪尚未净尽,以致地方糜烂,生民涂炭,思之实堪痛恨,若不严加惩治,无以服天下之心,而释友邦之憾。端郡王载漪,着革去爵职,与已革庄亲王载勋均暂行交宗人府圈禁,俟军务平定后,再行发往盛京,永远圈禁。已革怡亲王溥静、已革贝勒载濚,着一并交宗人府圈禁。贝勒载濂,业经革去爵职,着闭门思过。辅国公载澜,着停公俸降一级调用。都察院左都御史英年,着降二级调用。前协办大学士吏部尚书刚毅,派往查办拳匪,回京复奏,语多纵庇,本应从重严惩,现已病故,着免其置议。刑部尚书越舒翘,查办拳匪,次日即回,未免草率,惟回奏尚无饰词,着革职留任。已革山西巡抚毓贤,在山西巡抚任内纵容拳匪,戕害教士教民,任性妄为,情节尤重,着发往极边,充当苦差,永不释回。此事始末,惟朕深知,即如怡亲王溥静、贝勒载濂、载濚,中外诸臣迭次参奏,均未指出,即出使各国使臣电奏,亦从未提及,朕仍据实一体惩办,可见朕于诸臣处分轻重,一秉大公,毫无偏袒,当亦薄海内外所共谅也。钦此。

(附属书二)　照录盛宣怀弹劾毓贤奏折

  再,此次拳匪流毒畿疆,不三月而致宗社阽危,乘舆播迁。非常之变,祸根实伏于山东一省。抚臣毓贤,前在东省,倡为义民之说,纵令会匪仇杀教民,如大刀会、梅花拳会等,目无法纪,凡牧令指为匪者必喝斥,缉办者必撤参。去冬在京,结徐桐、刚毅等,多方煽惑,自称为拳首,并捏称义和团不畏枪炮,一派虚言,遍传都下。及其在晋诱洋教士五十余人,至省骈诛。身为疆吏,一味任性,竟不一念天下大局如何收拾。臣在沪闻德国使臣统帅及各国总领事,皆指为酿祸之魁。恭读闻八月初二日上谕,此次开衅致祸之由,皆因诸王大臣等纵庇拳匪,亟应分别重轻、加以惩处等因,仰见圣明在上,正本清源,足为中兴基础。惟溯厥由来,义和团实倡自毓贤,王大臣之所以纵庇拳匪,皆惑于毓贤之说,朝廷制律议罪,以起意者为首,自当严治毓贤之罪,以谢天下,并以谢各国。臣又闻德使穆默面告,戕彼使臣,德王必欲祸首抵偿,方能雪愤。此次兵犯保定,意欲生擒毓贤,苟为先发制人之计。伸我国法,即以存我国体,如毓贤者,本为社稷苍生所不容,实难稍事姑息。臣在海上,熟闻其说,为大局计,不敢再事缄默,谨附片据实密陈,是否有当,伏乞圣鉴,谨奏。

一一六八　11月16日　驻上海代理总领事小田切致外务大臣加藤

关于上海海关道更任之续报文件

机密第136号,11月22日接受

关于上海海关道更易的事情,之前的机密109号和110号信件中已经报告。各国驻沪领事自不必说,就连本国官民也没有一个欢迎新任道台程仪洛的,与之相反,当地各省会馆及其他重要的商董等召开公会并联署请求暂时留任现任道台余联沅,公开向程道台表示反抗之意。这段时间,法美各国领事以及下官前后电请两江总督刘坤一请求留任余道台,之后得到刘总督及时的回复,称俟接到部文,再行酌办。之前我与自南京返沪的前任海关道蔡钧密谈,得知程仪洛本非刘总督胸中出任上海道的合适人选,但此人是鹿传霖的党羽,此次特简该人为上海道,全系鹿氏之推举,刘总督则决定立即上奏,请求将程氏转往他处。在等待内情并犹豫不决的时候,总督也得到了小官的劝告,且在接到吏部的进一步公文之前,总要设法办理,终于凭借私信使鹿传霖将程道转往他处,并希望余道暂时留任,若余氏不肯留任,则使其速赴江西按察使任上,而暂时挑选其他适合的人代理。若此计划能幸而成功,实为内外官商可庆之事。然若不幸接到部文,且鹿氏对于刘总督之协商并无响应,刘总督也将无可奈何,只好命令目下正在南京的程氏赴任。设若在赴任之际遭到上海外国领事的联合反对,总督将不再询问鹿氏意下如何,而是将毫不犹豫直接上奏,请将程道转往他任而留任余道,或者派遣其他适合之人前来赴任。蔡道台是深受刘总督器重之人,与他的谈话应该具备重要价值。

自鹿传霖入枢以来,权威日益煊赫,对刘总督的措施一直采取反驳打击的路线,这在之前的报告中已有提及。若任由其权势增长,则东南地区的安定就难以保证。识见较长的该国官吏已有种种希望鹿氏转往他任的表现,前述程仪洛的任命一方面与当地的和平秩序相关,另一方面又与南方督抚的施政及命运相关,而其主事者则是鹿传霖。根据以上情形,下官感到有必要极力贯彻强硬的方针,在和他国领事协商的基础上协助刘总督,以控制鹿氏的专横。

外务大臣　加藤高明阁下

　　　　　驻上海代理总领事　小田切万寿之助(印)

　　　　　明治三十三年十一月十六日

(附记)　11月21日　小田切领事电报

11月21日午后12时46分发,11月22日午后6时50分收

外务大臣加藤：

第316号

　　前些天被任命为上海海关道的程仪洛,因其保守党的倾向而招致了中外人士的激烈批评,因此在其到达上海前的11月18日便有上谕命其转任两淮盐运使,其后任者尚未任命。

一一六九　11月19日　驻上海代理总领事小田切致外务大臣加藤电报

地方官人事变动之报告文件

外务大臣加藤：

第314号

　　湖北巡抚裕长去职待命,江西巡抚景星转任湖北巡抚,李兴锐任江西巡抚,之前要任江西按察使的前上海道余联沅升任湖南布政使。

一一七〇　11月19日　驻上海代理总领事小田切致外务大臣加藤

官员调动之上谕抄件之送达文件

公信第452号,11月26日接受

　　本年11月14日、阴历九月廿三日15日、16日、17日,西安行在

颁布的各种上谕附于附页,其中较重要的内容有,溥良授左都御史,之前任湖北巡抚的裕长开缺,以景星代之,李兴锐授江西巡抚,张曾敫补广西布政使,之前任江西按察使的余联沅授湖南布政使。附属上谕抄本省略。

一一七一　11月22日　驻上海代理总领事小田切致外务大臣加藤
官员调动之上谕抄件之送达文件
公信第457号,11月28日接受

　　本年11月5日阴历九月十四日及18日、阴历九月廿七日19日,阴历九月廿八日行在颁发各种上谕见于附页,其中比较重要的有,柯逢时代替前任上海道台补授江西按察使,因各国领事设阻而难以就任〔上海道〕的程仪洛补授两淮盐运使,而袁树勋则授上海道台。

附属上谕抄件省略。

一一七二　11月23日　驻上海代理总领事小田切致外务大臣加藤
新任上海道袁树勋之经历报告文件
机密第141号,11月28日接受

　　原本取代余联沅出任上海道的程仪洛因受到内外一致反对,于是改任两淮盐运使,之后谕旨委任袁树勋出任沪道。接到程氏转任盐运使的消息后,下官电联刘总督,建议派遣前年担任当地道台的蔡钧代替程氏,若蔡氏不许,则应尽力举荐江苏候补道刘思训出任沪道。这位刘思训现居南京银元局总办一职,是我多年的好友,为人廉正,深受刘总督信任,因此之前我就认为他是出任沪道的适任者。然而我将电报发给刘总督前,总督已经奉到有关新任关道的谕旨,将袁树勋的任命告知。现在记述此人的经历:袁氏籍隶湖南湘潭,十多年前曾历任南汇及上海县知县,其后转任江西省候补知府,并在今年出任天津知府。据闻其赴任之际自江西率领两千勤王兵北上,并确实在事变之际尝试以其兵抗击外国军队,之后新任湖北荆宜施道。其人之所在或是随扈西安,或仍在北京滞留,此事极不分明。总之其人的具体情况尚不得而知,若确有在事变之际参与战斗的事迹,外人对其的口诛笔伐将与加诸于程氏的相同,而就任一事也将随之变得不太明朗。

外务大臣　加藤高明阁下

驻上海代理总领事　小田切万寿之助(印)
明治三十三年十一月廿三日

一一七三　11月23日　驻汉口领事濑川致外务大臣加藤皇帝还京意向及官吏任免之报告文件

机密第54号,12月4日接受

　　据闻,近来诸外国纷纷要求对与拳匪有关的官吏们施加严厉处分,对皇太后失政的责难之声日益响彻内外,因此近来皇帝的势力有渐渐恢复的迹象,皇太后近来则对于政事长久沉默。

　　皇帝希望能够早日还京,之前在西安,曾有过将行在迁往四川成都之议,皇帝极力抗拒。再者皇帝明白只要和谈顺利进行就无再开战端之虞,所以任何时候都可以直接回到北京。之争议甚多的本地巡抚裕长在赴任前请辞,前河南布政使、上月中升任江西巡抚的景星据清历九月廿六日上谕继任湖北巡抚。景星其人如何，世无公论。裕长也好，景星也罢，这两位近日拟任的巡抚俱为满洲人。之所以如此，乃因刘、张两总督近来实力显著增长，即便是朝廷之命也难以轻易撼动其地位，而将满人置于其治所则可起到暗中牵制总督势力的作用。近来出任江苏巡抚的松寿也是满洲人，而以极端顽固著称的湖南布政使锡良则以其今夏督率湘兵北上之功升任山西巡抚。之后湖南布政使员缺久悬，现在前上海道余联沅即将出任该职，实在是湖南省最值得庆祝的事情。

本地及扬子江一带目前仍然稳定，有英舰两艘、德舰一艘、法舰两艘于本港停泊，英国水师提督西摩尔明日前后会来本地，访问张总督后再归去。该提督是为了与张总督保持友谊而来武汉，并没有特别的事情。

外务大臣　加藤高明阁下

驻汉口领事　濑川浅之进（印）

明治卅三年十一月二十三日

一一七五　11月27日　驻杭州副领事山崎致外务大臣加藤关于浙江巡抚更替之报告

机密第29号，12月6日接受

浙江巡抚刘树堂突然被免职，赶赴西安等待新命，本省布政使恽祖翼升任巡抚，接手刘巡抚事务，按察使荣铨升任布政使。载有这些上谕的电报是昨天到达的。这次人事变动对于刘巡抚来说全属意外，其长子刘廷钧本于昨日前往汉口，也立即被刘巡抚以电报中途叫回。刘巡抚在清历本月九日即公历11月30日交接好事务便直接向陕西进发。听闻刘巡抚之前因为衢州教案及其他案件而被英人攻讦，这些事情已经在之前屡次报告，可能是刘、张两位总督为了告慰英人，而先敛其锋芒，因而奏请更换浙抚，以此作为一种手段。但是举荐恽氏则难解其意。

　　新任巡抚恽祖翼在本省一直与按察使荣铨、盐运使世杰共同作为守旧派首领而闻名。"北清事变"以来，在保护外国人的相关事务上，常常对刘巡抚形成掣肘及阻碍，这些都是难以掩饰的。且其久任洋务局督办一职，却从未与外国领事会面，另外，关于聘用我斋藤大尉负责武备学堂基本队编成一事，此人始终与按察使等沆瀣一气反对刘抚，或者有时说一些诸如日本人不可靠的话。他举的例子是，富有票在其他外国汽船上都没有任何效力，只有在日本船上可以接受，这就是日本包庇逆匪的证据，以此事主张日本人绝不可信任。下官根据传闻推断，恽氏与满洲顽固派荣铨等人树党结私、反对刘氏之事绝不在少。衰老的刘树堂遇事逡巡，不能雷厉风行。换言之，刘氏被外国人攻击为排外之人，但其实基本方略都是恽氏等人所为。恽氏就是那种对我国人民最持偏见之人，今后巡抚的施政恐怕会不利于我国。不过人的品性往往随境遇发生变化，巡抚恽祖翼未必和布政使恽祖翼完全相同。若恽氏与刘氏素来相争，那么这次就是恽巧设陷阱以夺刘之地位，或者这种说法只是无稽之谈，而是与英国人对刘氏的攻击有关，于是两江、两湖方面便于刘氏免官之际，以平常的资格席次，奏荐恽氏和荣氏。人事变动的结果我们已经看到了，假设恽氏在接任之后，行为豹变，转而致力于地方之安宁，并力图保护外人，对日本人也没有刻意疏远，鉴于刘氏被英国人陷入困境，那么恽氏上台一事最为可虑的是英国具备了黜陟与夺封疆大吏的势力，若巡抚对英人阿谀奉承，有求必应，或与英人私自联盟以作为护身符，那么英国人在此地的势力会继续坐大,在浙江的经营也会得到更多便利,而本国人的利益则会受到排挤。新任巡抚的施政方针到底怎样,还要在接任后观察一段时间才能看出端倪。万一现在及将来出现了损害帝国利益的举动,可以因时制宜,根据需要,施加相当强硬的压力。

刘巡抚免官后,其总文案伍元芝直接辞掉了护军统领兼武备学堂总办的职务。在刘抚离任之时,伍氏也回到故乡南京告休,经此一事,斋藤大尉在武备学堂出任总教习并锐意训练的计划遭受重挫,何人接替伍氏尚不得而知。据闻现任署理杭州府知府朱启凤将继任,其人出身翰林,是恽氏推荐的人物,精通八股制艺,其能否如伍氏一般虚心接受斋藤大尉的意见,并使恽巡抚信赖帝国武官,颇值怀疑。尤其目下朱氏还继承前任的林知府,管理了当地的蚕学馆。尽管此前我国的前岛教习一直被续聘,但若换成朱氏,我想此事目前应该会受到影响。

外务大臣　加藤高明阁下

驻杭州副领事　山崎桂(印)

明治三十三年十一月廿七日

一一七六　11月27日　驻华西公使致外务大臣加藤
关于端郡王、董福祥受处分之内情具报
机密108号信,12月10日接受

关于此次事变的主谋端郡王外的各王公大臣的处罚情况,西安行在和本地官员之间是有联系的。根据对近日情形的探查,目前各国使臣的会议初入正轨,在与清国所谓的全权便宜行事的庆王及李鸿章开始和平谈判之际,提出的第一个要求就是将端郡王、庄亲王、澜公、英年、刚毅、赵舒翘、董福祥、毓贤等人处以极刑,而

那又将产生何种影响呢？如端郡王这一元凶，一直是虎神营的长官，掌有约一万兵勇，执行排外行动一如其意，却被各国联合救援军一举击溃，作鸟兽散，又难以收拾，遂全失其所恃。因此今日清政府无论如何处置该郡王，都不会存在困难；其他王大臣的情况更是不值忧虑。不过现任甘肃提督董福祥仍掌握兵权，尤其是其一旦随扈两宫的话，宋庆、马玉昆率领其部下扈卫两宫，但仅驻扎于太原，并不随往西安。即将拥两宫为质，一旦祸及自身，便以武力携两宫退往甘肃、四川。行在的军机大臣荣禄、王文韶、鹿传霖、赵舒翘等尽管随扈，但并无抵抗之力，身在北京的庆亲王与李鸿章就更无可如何了，与各国的谈判也将不知如何达成。因此，以董氏现在之地位，皇帝即使想对其施以最重处罚而不得，这是很清楚的了。但是朝中其实已经有处置董福祥的意思，相关密电由荣禄发给庆、李二人，让他们徐图措置，足以猜测大概，这通密电见于附页。但是在这前后，各国公使指责清政府不仅不能处罚董福祥，且仍使其随扈行在，十分不妥，请令其远离行在。李、庆二人只是将此情在奏报中予以传达。至于如何使两宫远离董福祥，又如何使两宫下诏回銮，实无成算。另外，前几日的公使会议上提出一个问题，即作为端郡王被处以死刑的结果，关于皇子地位的问题是否有必要预先讨论，其大意已见于电报。关于这个问题，听闻中国人的意见，端郡王是同治养子溥儁的生父，这种情况下，即使二人已无法律上的父子之义，光绪帝是醇亲王之子，入继大统后，其生父醇亲王虽已与其断绝了所有关系，但是却凭借皇帝生父的身份享受到更多特别的恩典。或者，如果影响了皇室统系的稳定，也会出现绝对不赏与这样特殊恩典的例子，比如这次的处罚，就与前述事件有着明显相反的走向。即便已经断绝父子名义，但仍旧宠辱与共，这足以作为一个例证。但将来皇子继承大统，必定难忘父子旧情，此人情使然。另一方面，现在朝廷面对今日的局面，任何清廷官吏都难以避免其祸，端郡王既然作为祸根最终要被处罚，那么皇子的废立在清人看来就是势在必行、毫无疑问的事情了。

另外，根据目前并无甚职务但比较通晓事体的肃亲王的说法，其曾以断绝董福祥部下资金使其军心涣散，然后再予以处罚之策劝告庆亲王。但此策恐难实行，正所谓"小人穷斯滥矣"，此举可能反而将加剧两宫的危险处境。又根据某方的推测，尽管庆、李二全权大臣答应了列国要求，承诺会对肇祸王公大臣处以极刑，但于行在而言，并不能断然决行。在这种情况下，各国联军或将进入内地示威，以催促两宫从速执行。于是又将回到此前述及的问题，即董福祥将携两宫日益深入内地躲避，若按照这种势头发展，我想清廷内部生出之困难将不一而足。目前，庆、李两位大臣解释说，总之清廷一旦和列国开始谈判，各种事情自然就会发生变化，问题将迎刃而解，因此热切希望早日开始谈判。

怡亲王、徐桐于援军到达后，潜伏于京城内，之后病死；刚毅则是在随扈西安途中病死。另外毓贤在山西巡抚任上虐杀外国传教士与教民，因此被下令免职逮捕，之后一度有其自寻短见的传说，根据后来的探报，他偷偷换了服装企图逃跑，被地方官捕获，现在的实情可能是被囚禁在县狱中。本月13日西安行在发布的处罚各王公大臣的上谕是无论如何不能满足各国要求的。谨抄送附页，供尊处参考。

外务大臣　加藤高明阁下

　　　　　　　　　　驻华特命全权公使　西德二郎男爵（印）
　　　　　　　　　　明治三十三年十一月二十七日

（附属书一） 11月13日行在发电，16日经上海到达。**就和议开谈致庆亲王、李鸿章之上谕电报抄件**

奉旨，此次肇祸诸臣加重处分，本日已明降谕旨，朝廷准情定罪，毫无徇纵，著奕、李迅即向各使据理商明，克日开议。若再迁延退宕，致误事机，是负该亲王等之责矣。钦此。

（附属书二） 11月13日荣禄、王文韶、鹿传霖致庆、李电报抄件

日期同前，庆、李二大臣收荣、王、鹿。

敬启者，此次肇祸诸臣处分，本日已奉有明发谕旨，从重惩办矣。惟董福祥碍难骤撤兵柄，遽豫处分，前曾电达，谅邀鉴及，自应从缓筹办。此意似可开诚布公，婉告各使，务释其疑，免致朝廷为难，是为至要。荣禄、王文韶、鹿传霖。养。九月二十二日，公历11月13日。

一一七八　12月5日　驻上海代理总领事小田切致外务大臣加藤

关于处置董福祥之文件

机密第148号，12月14日接受

根据11月13日的上谕，端郡王以下的庇护团匪、开衅友邦的祸首诸臣已经被处罚，只有董福祥不仅未受任何处分，还在陕西随侍两宫左右，以其拥兵万余之故，若遽行处分，以其剽悍暴力的性格，难以预料会发生什么祸及皇室的祸患。此时无论是何人都深信董氏拥此重兵，对两宫掣肘，产生恐吓作用，如此则难指望议和可以顺利进行，中外人士及与议和有直接间接关系的中外国人，为将皇室与董福祥隔离的问题煞费苦心。下官给当地有实力的中国人提出了两项建议：其一，以皇帝巡幸四川之说为契机，奏请两宫移驾武昌，中国官员们对此大体持同意态度。其二，若此议得以始

终坚决执行,之后列国军舰再开进扬子江,但这一项建议却被认为有可能引发清皇室的不安念头,为不智之策,其施行将颇为不易,而前述移行在于武昌的建议也将难以成立。以上便是今日不能处分且一时难以远离董福祥的情况,本地的盛宣怀及在西安的荣禄关于董氏的处置方法屡次电信往还,5天之后,本月3日颁布了所译如下的电报,大意是远离董氏,对其相机惩办,一方面先是庆王、李鸿章上奏请求惩办董氏,另一方面盛宣怀及其他主和大臣的类似奏议,强化了皇室惩办董氏的意志。①

附属书　12月3日阴历十月十二日发布有关董福祥革职之上谕抄件

十月十二日奉上谕,甘肃提督董福祥从前在本省办理回务,历著战功,自调京以后,不谙中外情形,于朝廷讲信修睦之道,未能仰体,遇事致多卤莽,本应予以严惩,姑念甘肃地方紧要,该提督人地尚属相宜,著从宽革职留任,其所统各军现已裁撤五千五百人,仍著带领亲军数营克日驰回甘肃,扼要设防,以观后效。钦此。

一一七九　12月6日　驻上海代理总领事小田切致外务大臣加藤电报

董福祥自长安启程归返甘肃之情报文件

12月6日午后7时35分发,10时50分收

外务大臣加藤:

第326号

---

① 此处为附属书所载上谕的日译文,略去。

关于本官第 325 号电信。根据荣禄给盛宣怀的电报,董福祥在 12 月 4 日自长安启程向甘肃进发。

一一八〇　12 月 6 日　驻汉口领事濑川致外务大臣加藤
清廷为行在转移襄阳而密召张之洞一说之情报文件
机密第 59 号,12 月 17 日接受

本日自本地一个比较可信的西方人处听说,张总督接到西安的电报,命其于新任巡抚景星到任后直接前往襄阳,此事对于总督来说也是极为机密的,希望能够得到从中国当局处确认此事真实与否的机会。根据另一个西方人向他说的,很有可能西安行在正在为移驾襄阳做准备,景巡抚不日即将到任,下官一定继续追查此事的实在情形,再行通报。

外务大臣　加藤高明阁下

驻汉口领事　濑川浅之进(印)

明治卅三年十二月六日

附记

12 月 17 日与前项文件相关之机密第 60 号,12 月 27 日接收

新任湖北巡抚景星在本月 14 日到任,张总督这时去襄阳出差的传闻在之前的报告中已经提到,之后根据对中国当局的探闻,张总督眼下绝无离开此地的可能,因为种种事情而前往襄阳,应该是没有的事。

由于在西安驻跸,不便之处不少,如果回銮迁延,则行在迁居到少数便利之地还是有必要的,听闻像英国总领事等就曾劝告张总督是否可以奏请以武昌作为行在,而中国人中间有种说法是若行在要迁移,襄阳是最合适的地方,即使他日迁都到襄阳,也不是

不可以。之前两宫自北京而太原,自太原而西安,一路蒙尘,途中遭遇之艰难有不忍言者,扈从百官或身体羸弱,或年龄衰老,辛苦不堪,死者不少,无论列国如何逼迫,值此严寒时节,特意回迁北京是难以办到的。

新任总督景星的执政风格与前任相异,类似于前巡抚与总督互相摩擦的事情,听说并没有发生在他身上。

另外,继李鸿章而任两广总督的陶模几天前到达本地,目前罹患微恙,正在武昌养病。

一一八　12月10日　驻华西公使致外务大臣加藤

关于董福祥处分之报告文件

机密第112号,1901年1月4日接受

6日,李鸿章来访,展示了处分董福祥的上谕,7日收到了大略内容的电报,先是11月20日根据第87号电报,董福祥依然在行在随侍,实在不成事体,遂照会庆、李两大臣,见附页甲号抄件请求设法将董逐出。为此,行在于12月3日发布的谕旨,称董福祥"于朝廷讲信修睦之道,未能仰体,遇事致多卤莽,本应予以严惩,姑念甘肃地方紧要""著从宽革职留任,其所统各军现已裁撤五千五百人,仍著带领亲军数营克日驰回甘肃,扼要设防,以观后效",另有附页乙号中的照会奉上。尽管以上的回应完全违背了各国所望,但正如前信中所具报的,目前的情形,对于清政府来说,已经渐渐消灭了其人的势力,最终是能够对其处以死刑的,前几日李鸿章来访时也陈明了此意。另,根据袁世凯派往太原府的探子的来电,在上述上谕发布的当天,董福祥即直接辞别行在前往甘肃。

外务大臣　加藤高明阁下

驻华特命全权公使　西德二郎男爵(印)

明治三十三年十二月十日

（附属书一）（甲号）

敬启者，据闻甘肃提督董福祥今尚在行在随侍，其人与此次事变实有巨大关系，今竟依然随扈，殊不成事体，在下前后思索，认为应速速设法，将此人摒逐出行在。望得尊处复信。

庆王殿下　李鸿章阁下

大日本帝国特命全权公使　西德二郎男爵

明治三十三年十一月二十日

（附属书二）（乙号）

钦命全权大臣便宜行事管理总理各国事务衙门事务和硕庆亲王、钦差全权大臣便宜行事太子太傅文华殿大学士商务大臣北洋大臣直隶总督部堂一等肃毅伯李

为照复事。前接来函，以提督董福祥不应仍留行在等因，当经本爵/大臣据情代奏，光绪二十六年十月十二日奉上谕：

甘肃提督董福祥从前在本省办理回务，历著战功，自调京以后，不谙中外情形，于朝廷讲信修睦之道，未能仰体，遇事致多卤莽，本应予以严惩，姑念甘肃地方紧要，该提督人地尚属相宜，著从宽革职留任，其所统各军现已裁撤五千五百人，仍著带领亲军数营克日驰回甘肃，扼要设防，以观后效。钦此。

相应照复贵大臣查照可也，须至照复者。

右照会：大日本国驻京钦差大臣西

光绪二十六年十月十八公历12月9日

事项十一　清国地方官之态度

一二五六　10月13日　驻汉口领事濑川致外务大臣青木
关于英国军舰溯汉水而上及张之洞主张清廷驻辇西安之报告文件
机密第45号,10月22日接收

　　此次行在自山西太原府到陕西西安府的迁移,其交通若自汉口溯汉水而上,经樊城及老河口,算是一条捷径。是故两宫如果驻辇西安,本地就会占据这一层重要地势。英国军舰"乌德考速克"号此际正迅速自上海回航,该舰长沃森少佐为了亲自考察水路,本日乘小蒸汽船溯汉水而上,"乌德考速克"号根据以上考察的结果,将在下一周从本地出发,若不能抵达襄阳,就抵达安陆附近。

　　张总督主张行在迁往西安多有利处。其所述第一理由是,西安较诸太原,与南方各地的交通更加方便,南方总督与行在之间的交流也将更为便利,宫廷需要的物品,南方也可以更加迅速地供给。之前,将要迁都南京的论调常见诸报端,据传英国和中国地方官中也多有持迁都南京之论的,然而从实行的可行性上观之,如今的西安相比北京及太原等地,还是有着相当便利之处的。之前有一艘英国的"达芙妮"号,应该是为了过冬而来本地碇泊。又据近来的风闻,除"达芙妮"号外,还会有一只英国军舰不日间到来。

　　谨以上述内容向您报告,敬呈参考。

外务大臣　青木周藏子爵阁下

　　　　　驻汉口领事　濑川浅之进(印)
　　　　　明治三十三年十月十三日

一二五九　10月26日　驻汉口领事濑川致外务大臣加藤张总督应召入内一说之报告文件

机密第49号,11月8日接收

　　本月25日,张总督的秘书官汪凤藻携张总督之内部消息来我馆与小官交谈。据称,最近的关于张总督将应召入内、前往西安的说法,恐怕难以成为事实。如您所知,"会匪"于两湖地方出没最甚,于地方人民而言,张总督于此时离当地而去的话,长江一带的和平恐难确保;对于政府而言,命令该总督西上,亦绝非出于厚待之意。下官经过考量,认为使该总督离开本地,将不能表示清政府对诸外国的修好之意,并在今日将此想法电告在北京的本国公使,且应已经庆亲王、李总督之手,向朝廷转奏。下官认为此事应该酌加下官意见,向贵外务大臣呈报。与汪氏作别的当夜,由驻沪的小田切领事的电报得知,据该地外文报纸的记载,残忍的裕长此次将任湖北巡抚,此事正是清朝当前政府实施阴险政策的第一步。该巡抚的上任,是激起长江一带骚乱的征兆,并将以与外国领事联结求助系非法之事的名义,来动摇张总督的地位,湖北官吏为此颇觉恐慌。以上若果真查实,必有回电。下官大概将汪凤藻当日告知下官的事实又传达给了其他领事。上海报纸所说其实是所谓的无据之论;况且裕长应该在于荫霖到达河南之后,在该地完成事务交接,之后才出发,抵达上任之地少说也须耗费六周以上的时间。据风闻该巡抚已经到了自辞此任的地步,当地官场中人也为裕长上任一事闹得不可开交。关于这件事,我想大概也该听听英国领事的意思,今早与英领事面晤,向其告知下官从帝国代理总领事处得知上海外文报纸的相关报道,该领事同样接受了汪凤藻昨日对下官所述的相关内情。下官马上便将以上要旨向小田切领事复电,同时也立即向阁下发电禀报。张总督若抵达西安,能在皇太后面前披陈所见、举荐担任要职之大臣,且能得到采用的话,该总督的西行之旅也不失为与国有益之举。张总督的意见是,若其一旦离开此地,长江一带的安宁局面将很快无法保持,现政府中嫉妒该总督在华中一带势力者大有人在,借此良机,不知彼等将以何种危难施加其身,为此颇觉忧心。就目下之形势而论,无论是为了张总督一人,还是为了保持长江一带的安宁,窃思甚不愿张总督离开此地。

外务大臣　加藤高明阁下

驻汉口领事　濑川浅之进(印)
明治三十三年十月廿六日

一二六一　11月5日　驻汉口领事濑川致外务大臣加藤

张之洞对于列强希望清廷回銮态度之报告文件

机密第50号,1901年1月4日接收

近来上海及本国报纸上关于湖广总督张之洞的报道虽然不少,然而或与事实有出入,或全系捏造。下官在此谨将张总督的内心动机及所知其他之二三事略述于下,聊供阁下参考:

在报纸上可以散见这样的报道:皇太后向张总督发电,询问武昌之安危,若武昌安全,则行在将会迁移。自8、9日前,此说便在本地开始风传。据下官所闻,刘、张两总督纵使希望行在迁往武昌，目前并未收到行在发出的许可张总督意见的电报。不过，驻扎当地的某国领事之前曾劝告张总督是否可就行在迁移武昌一事上奏。

张总督和刘总督同奉与庆亲王、李鸿章会商办理议和之事的诏命。如张总督正以毕生之力为国家尽忠，但是谈判之地在北京，自当地以文书或者电报的形式向北京传递意见，要多花费许多时日和周折，况且又值冬季结冰期，更添不便。若谈判之地移往上海，便可方便刘、张二总督充分开陈意见，对于列强而言，想必也是极愿同意之事，这一点我曾向一名西人表达过。

列强曾频繁表示希望两宫回銮北京的愿望，尽管两宫也心心念念回京之事，但是若此际返京，或被外国士兵所擒，累及两宫玉体。正因有此顾虑，才又将行在遥迁至西安。若能在上海开展和谈，同时两宫能够对回銮一事有所决断，将与张总督的意见相合。

张总督在朝野之中的政敌不少，在两宫的随扈大臣中，常有对刘、张两督在南方的势力大加猜忌者，并试图将其消灭。刘、张两总身处长江重镇，又多获外国人信任。因此，今夏以来，两督宣言，恪守宗旨，在长江一带剿灭土匪，保护外国人，便是若总督与其麾下所练之军队分离，而专任他所，恰如鱼水分离，则其势力恐将自此大衰。张总督此刻最担忧的，便是离开此地将产生的变故。又值先前传出将去西安应召入枢一说，如此则颇费苦虑。同时，新任湖北巡抚裕长大概会来此地赴任，现在张总督正兼理巡抚事务，故相信目前其地位还不至于动摇。

外务大臣　加藤高明阁下

驻汉口领事　濑川浅之进(印)

明治卅三年十一月五日

一二六二　12月10日　驻上海代理总领事小田切致外务大臣加藤

南京衡字军向西安进发之报告文件

公信第477号,12月17日接收

本地发行的英文报纸中有如下报道:

南京衡字军此次应军机大臣鹿传霖之命,向西安府进军。该军系在南京以德式兵制训练的部队中最为有力的联队,据说此次派遣甚违刘总督所愿。该军编制为500人一队,共由五大队组成,指挥官系湖南人王世雄。首批运送的是指挥官的家属与军需用品,已由中国帆船7只于12月2日载运而去。作为军队运输船而将前往汉口的炮舰一艘及银元局附属大型小蒸汽船,目前正在南京河中准备出发。该军出发后,应该会从该省内其他军队中加以补充。

外务大臣　加藤高明阁下

　　　　　　　　　　驻沪代理总领事　小田切万寿之助(印)
　　　　　　　　　　明治三十三年十二月十日

事项十九　回銮及官场情报

二二七一　1901年1月7日　驻英林〔董〕公使致外务大臣加藤与英国外相就清廷还都一事之会谈文件

机密第3号，2月12日接收

现任外务大臣兰斯顿侯爵就职以来，时日尚浅，且会面日每每有众多各国使臣拜访。本大使至今未能在会谈之外找到闲谈的机会。在之前一日的会面日上，各国使臣们大多去乡下休假了，会晤者较少，这才有暂时闲谈的机会。

在此期间，外务大臣向本使询问对于中国皇帝及皇太后还都北京与否的看法。本使就所思所想向外务大臣答道，清皇室最看重的宗庙及社稷坛均在北京城中，而随扈的宗室大臣们的家宅、土地、财产均留在京城，这些人对京城之外的天地不甚了了，是以均怀重返旧居之念，此乃人之常情。如果满足外人要求所作的牺牲并不算多的话，人人都想归京，均会劝诱皇室。若向北京发电，需要有足够多的士兵保卫公使馆，将大沽炮台全部破坏，京津之间保护途中联络的士兵数目应该增多，朝廷之中依托兵力而作威作福的宗室大臣们应当被判处死刑，若这些要求均实现，回銮不啻使举朝成为外国人之俘虏，这或许是两宫为此事踌躇之缘故。况且现在行在驻跸之西安府，乃是昔日国都，根据漫游至该地的人所记，该地人口繁密,是仅次于北京的大城市,且地势坚固,昔日太平军攻城之时,终因防守牢固而未能攻陷。故而若回銮之事难以实现,则将该地定为新都,于清朝而言也并无特别不便之处。外务大臣称,这是其首次了解到西安竟是这么大的城市。

又询问对于赔款事宜的看法。本使答以中国政府对于财政计算之事向来没有过分在意,理财会计之事并未按照法律或规则执行,所需的财政收入通常是通过某种方式征集的。因此,只要他们能找出敛集赔款的办法,或者尽可能利用信用向外国募集公债,就不会拒绝外国的要求。但是,海关税已经全部抵押,找寻其他保证物是一件颇显困难的事情。外务大臣询问我,若抵押厘金,是否可行。中国的厘金税是按照一定税则课收的,是地方官为强取民财而设。因此税额和厘金局数都是固定的,地方把它作为股票抛售或者承包,其实有相当多流入了私人的腰包,要想以厘金作为这次赔款的抵押品,就必须修改整个组织,若不将其像海关一样置于外国人的管理之下的话,就不能实际有效利用。然而若欲实现此点,就必须对清政府的全部会计体系的改进进行监督。与中国几亿人口和几百万里的广袤国土相较,官吏之人数、海陆军之军费,均属甚少。与其说国家富庶,倒不如说是殷实。是以若能找到财政整顿的合适办法,那么支付六七千万镑的赔款将并非格外困难,只是设计这一整顿方法是目前的第一难事。因此,对于清廷此次能否满足赔款的要求这一问题,我答以中国政府虽然心中对于接受此要求并无忌惮,但因为不知有无获得支出途径的手段,故而应该会对此加以限制。之后我二人又少叙几句闲话,便结束了会面。

正当动身归馆之际,与外务次官随员贝鲁奇在走廊偶遇,贝鲁奇突然问我："贵大使是否听闻比利时、荷兰及西班牙公使加入使臣会议的事情？"本公使回答称，根据目前获取的报告，所谓这些公使并未列席会议的情形是不准确的，据最新的会议记录，他们是出席了的。今夕已晚，由于入内面会随时皆可，故约好了第二天拜会，便离去了。翌日，我二人会面，关于比、荷、西三国公使列席公使会议一事，贝鲁奇只是说，北京各使馆的防御及救援是得到了各大国力量的支持，该三国也请求过救援，因此列席这一向清政府提出强制要求的会议并提出意见，也不足为奇。听其所言，似乎并无深意。之后又称："今早拜会外务大臣，从贵大使昨日的谈话中大为获益，而自己也对相关问题有一些思考。关于皇室及大臣等在北京留有财产的说法，有一定的道理，然其财产大多已在掠夺中归于乌有，在这种情况下，外国的要求其实过重了，因此不管清国谈判委员是否在要求书上签字，朝廷目前应该不会回京，这一点我与贵使意见相同。然而将本次事变的元凶处以死刑，乃是惩前毖后的必要举措，若因担心朝廷不归京，而宽恕此事，则将为以后留下隐患。尽管日本政府主张从宽，然若当初在北京将这等人物俘虏，则一定会将他们处以死刑。"日本政府的意思，本使已经屡屡申述，并非想要宽恕。观驻扎西安府之兵力，要将窃据朝廷左右之人处以死刑，且要求朝廷回銮北京，实在是难以实现的。外国如果执拗于那些要求，却缺乏强迫执行它的能力的话，只是徒使恢复和平之时日继续迁延，于事无益。因此，只有停止不切实际的要求，对清国抱以友谊，这绝非对肇祸元凶们心存怜悯而欲施以宽恕。又据本公使私见，当初若擒获这些人，或许会处以死刑，然而这也是出于复仇之意的习惯性的刑罚。从长远来看，并无额外好处。从中国人的观点来看,这次的变乱是出自这些人的爱国心。若处以死刑,恰如在战场上讨死一般,战败的结果就是以身殉国,判处他们死刑,反而鼓舞了未来青壮年群体之心,很可能出现此类事件重演的倾向,这将使各国公使所期望的结果很难实现。因此,若问此辈是否处以死刑,后续之计除凭清廷自行处置之外,别无他法,这只是本使个人的考虑。本使作出了如上回答。此外,又与之闲话袁世凯及长江一带总督的政治倾向及政策等问题。

之后,次官又谈及下官之前向您报告的朝鲜问题,参看去年11月20日提交的机密第48号文件。询问我如今俄国已经进入满洲,日本对待朝鲜将持何种意见。本使称,窃以为朝鲜之于日本,一如长江一带之于英国。在朝鲜营业的日本人,合海陆两途计有三万以上,据了解,已投之资本便已有几十万磅,因此若有他人妨碍此利益,日本将不得不加以极力防御,不过目前为止尚未有开展其他行动的必要。本使还指出,伤害日本在朝利益的也并非只有俄国势力。依据朝鲜的国情,其何时成为无政府国家,又何时发生骚乱,均是难以预见的。若确有其事发生,为了保护我国利益,在别无他法之下,将不得不使用武力。如俄国这类国家,在朝鲜占有的利益并不多,因此我国可以作出承诺,若出现变故,可能不幸导致彼我两国间的冲突;但若能全然保得我国利益,且存在能够预防这一冲突的办法,日本也欣然不采取武力方式。贝鲁奇称,俄国内部宿弊已甚,其储备的火药竟大半是纯碱,其实际弹药数目不足账簿上的半数。西伯利亚的铁道,在单线工程上如果粗制滥造,无论如何也是来不及快速派出军队的。本使也称对俄国政府内部的各种积弊有所耳闻,且根据日本工程师的实验,西伯利亚铁路工程,作为远距离的铁路布设的一种方法,开始时不畏粗造,急于求成,尽管由于以后的修理,逐渐完善,但为作战服务的话终究是赢不了的,所以应该很难占到较大便宜。然而,若俄国真如贵官所言之不足惧,各欧洲大国为何又惧怕俄国,对其百事依从,任其颐指气使呢?贝鲁奇回答称因为俄国体量巨大,且难以测知其举动,所以有些忌惮吧。之后转向了其他话题。

次官随员至今两次特意论及朝鲜问题,不知其为何意。如今,英国在南亚再起战端,于是又有了招募新兵、派出援军的必要。这等国家事务颇为繁乱,故担心其他强国趁机而起,实秉持怂恿日本在东亚牵制欧洲各国势力之意!英国在南亚处于多事之秋,其在欧洲的海军兵力,也处于容易被欧洲各国侵犯的处境,这一时期其在东亚的牵制就显得格外必要。由此考虑,中国此次事件处理完成之际,也就是英国举全国之力解决南亚问题之时。若出现日本在朝鲜构衅一类事情,英国将多感不便,因此百般摆弄口舌,试图探知日本的意向。前任外务大臣青木子爵曾就朝鲜之事向德国皇帝提出直接交涉,这是极为机密之事,想必您已了解。在此,谨述下官私见。德国政府听闻日本对朝鲜有所图,马上向俄国密报,这是最可能发生的事情,或者英国也很有可能收到了密报,果真那样的话,贝鲁奇与我的交谈便其来有自,我怀疑他是在窥探我国的真意。这个疑虑在我整理前些天与贝鲁奇会话的报告时便已浮上心头,尽管只是一时的茶话闲聊,但他确实探听到了一些事情。虽然他含糊其辞地表示他并未预先准备这个话题,当他再次特别提起此话题时,我想还是应该作出其必然有所图谋的假设。因此,将下官与英国外务大臣及外务次官的谈话分别录入,供尊处参考,并按顺序陈述鄙人前项私见。

外务大臣　加藤高明阁下

驻英特命全权公使　林董男爵(印)

明治三十四年一月七日

再,本文草成之际,拜接阁下寄来去年12月4日的第16号密信。俄国公使突然向阁下提出就韩国问题开展日俄协商之时日,恰在本文提到的青木子爵与德国交涉的数周之后,德国向俄国泄露内情之迹已甚明朗,我想其向英国密报的相关推测也应该确有其事。

二二七三　2月1日　驻上海代理总领事小田切致外务大臣加藤　清廷对弹劾王文韶之奏议之批复文件

公信第34号,2月7日接收

本日在上海刊发的各类中文报纸上均公布了1月18日颁布的一道上谕,现将全文译出,录之于下:

现因时事艰难,下诏求言,原期广益集思,有裨大局。近日工部主事夏震武条奏,多未能按切时势,能言而不能行。昨据鹿传霖面奏,夏震武复劾王文韶,请治重罪。王文韶朝廷任用有年,克勤厥职,办理洋务尚能分别轻重,斟酌缓急,何得以传闻臆度之词,率请将大臣置之重典,殊属冒昧。姑念迂儒,不达时务,虽其言过甚,而心尚怀忠,免其置议。本日洪嘉与条奏,繁征博引,虽闻有可采,究多窒碍难行。总之,书生之见,不免沽名,毋庸再行渎奏,嗣后言事,诸臣务当择其补偏救弊、切实可行者,静细敷陈,以副下诏求言之本意,特谕。钦此。[①]

[①] 原文为日文译文,此处录入乃光绪二十六年十一月二十八日上谕原文。参见中国第一历史档案馆编:《光绪朝上谕档》第26册,第444页。

此上谕到达之前，上海当地的中国官员及实力派便迅速得知此事。夏震武等人以王文韶倚仗外人势力而恫吓朝廷为由对其加以弹劾，进而又累及刘坤一、张之洞两位总督，责怪他们在事变发生之时竟与在沪各国领事签订协议。夏震武在奏疏中还提出端郡王并无可罚之罪。此上奏直击皇太后内心，前述的居沪中国人均担忧两位总督的职位会发生什么变动。前引上谕中竟无一言述及刘、张二位总督。对于目前在西安行在参与枢机的大臣中唯一一个具备相对丰富外交经验的王文韶，不如好言抚慰，以维持中国现下的时局，谋求稳定。然若细细玩味这道上谕，夏、洪二人未受任何处分，可见朝廷对此类人物还是抱有同情之意，加之鹿传霖还帮助夏震武转奏，而鹿氏更是西安行在中顽固派的代表，从中可以小窥鹿传霖与王文韶一派相互倾轧的情形。

当地中文报纸上与本件相关的评论里有颇值一思的内容，现加以选译，录之于下：

尽管夏震武的上奏所为何事并不得详知，但上谕中称其所言多不能切合实际，难以实行，据此或可推断，其奏疏中应主张向外国开战，并斥责了刘、张两位总督，其弹劾王文韶也是因为其挟洋自重，掣肘朝廷，还提出其他种种违背道理的议论，这从上谕中称王文韶办理洋务能够分别轻重、斟酌缓急，便可明了。至于洪嘉与的奏议，上谕中称其所谓的繁征博引只是与历代腐儒所行并无差别，其意无非是欲增长排外气焰、否定议和。又据说，二人的弹劾不止于王文韶，而是包括刘、张二位总督及庆亲王、李鸿章，然而上谕中只提到王文韶，未及他人。王文韶近来一直伴于两宫左右，早就闻知弹劾之事，若不加以安抚，则恐其难安于位。至于其他几位地方官，远在数千里之外，姑且暧昧处之，意在湮没其被劾之迹。

然而二人此次上奏实际上符合朝廷的意思,二人在表面上是受到了申饬,实际上却并未听说二人受到任何惩罚。考察夏、洪二人生平,夏于同治十三年进士及第,去年因其母故去,而在浙江家中丁忧,其时浙江学政文治以夏有非常之才、足堪朝廷之用而举荐他,夏当时固辞不受。本年发生两宫西幸之事,夏氏急忙奔赴行在,这才有了这次上奏。洪嘉与则是光绪十六年的进士,徐桐担任吏部尚书时,他担任该部的主事。光绪二十四年八月戊戌政变之际,谭嗣同、林旭被抓,洪氏素与此二人为善,因而获得两人互相唱和的诗文一首,急忙将其密呈长官,将两人告发。由此观之,夏、洪二人均为顽固派无疑。

谨将上述内容呈进,供尊处参考。

外务大臣　加藤高明阁下

驻沪代理总领事　小田切万寿之助(印)

明治三十四年二月一日

二二七七　2月9日　驻上海代理总领事小田切致外务大臣加藤谴责工部主事夏震武之上谕文件

公信第43号,2月14日接收

之前工部主事夏震武在西安通过鹿传霖代奏,妄言弹劾王文韶、刘坤一等人,朝廷怜其一片腐儒之心,并未对其加以处分,正如上个月31日的第34号公信的报告所言。然而根据2月7日上海发行的中文报纸所报,本月3日再次颁布了与其人有关的上谕。现将全文译出:

十二月十五日奉上谕,工部代奏学习主事夏震武条陈一折,国家交涉事宜,何等慎重详等,岂有以疏远小臣,自请充使,即可遽信之理？夏震武前请赴京,先见李鸿章,姑允所请,冀摅一得之长。今乃妄请自充专使,并援引洪嘉与、徐璟同往,直以国家重大之事,视同儿戏。推其心,盖欲自博忧国敢言之誉,而贻朝廷以弃贤拒谏之名,实属狂愚谬妄,本应予以重惩,姑念迂儒无知,从宽严行申斥,毋庸前往京师,亦不准再行渎陈,钦此。①

据此上谕,夏震武的狂愚之态实已到了令人惊愕的地步,然而对其的惩罚竟仅止于谴责,这说明清廷的迷梦尚未完全醒觉,亦可窥见鹿传霖一派参与枢机,尚有相当的势力。

谨将上述内容呈进,供尊处参考。
外务大臣　加藤高明阁下

驻沪代理总领事　小田切万寿之助(印)

明治三十四年二月九日

二二七八　2月13日　驻上海代理总领事小田切致外务大臣加藤电报

荣禄、鹿传霖政见对立之情报文件

2月13日午后2时40分上海发,午后6时30分东京收

外务大臣加藤:

第10号

据可靠消息报道,西安行在正讨论时务,荣禄与鹿传霖之间意见有分歧,据传鹿传霖是亲俄派,而荣禄偏袒日本与美国。以近乎保守派而闻名于世的张佩纶能进入翰林院,便来自鹿传霖的大力推荐。张佩纶参与对外交涉,为了使其措置得当,受命前往北京。

---

① 原书此处为日文译文,现将本件"附属书"中上谕原文录于此。

张佩纶实际上是李鸿章的女婿,与刘坤一以仇敌相待,前者经常对后者采取阴险的谋划。

以上消息也已电致我国驻北京公使。

二二七九　2月15日　驻上海代理总领事小田切致外务大臣加藤

关于回銮情报与刘坤一之会谈文件

机密第15号,2月20日接收

之前在本月8日提交的机密第14号信件中,已将出差南京所要处理的重要事件详细报告,但该报告的记录中仍有遗漏的事项有待紧急报告,现谨将与刘总督在会见之际谈及的二三事项略记于下,供您鉴核。

本月3日会见之时,下官询问总督,之前工部主事夏震武及洪某二人在西安弹劾总督及张之洞、王文韶等人,是否确有其事。关于此事件,今年第34号公信中已有详细报告。总督微笑说道:"这种事情在中国常有的,不足为怪。去年两宫仍滞留北京之时,曾向某人提及,关于我与张总督致力长江保护一事,有人责难其中与各国领事签署协定一条,奏请将我二人斩杀。我并不以蒙受他人非议为意,马龄既过七旬,颈血当溅冷刀,我命何足惜哉!"言毕意气盎然。之后,下官又问总督,听说和议达成之后,两宫就会返回北京,但是贵国高官之中仍有持迁都之议者,或主张迁都南京,或主张在沙市附近择一合适地带,甚至还有以成都为安全之地的说法,不知贵总督有何高见。总督答道:"目下由于和议未成,洋兵未撤,两宫仍踌躇于是否回銮。然而一旦和议达成、各国撤兵,速速还驾北京事所当然。我最初便保持此意见,所谓迁都之议谈何容易。本朝自满洲开基,不会轻弃京师之地,最终两宫回京无疑仍是上策。"接着,下官又询问近来两宫的关系如何以及将来和议成功后皇帝是否能够亲政。总督称:"近闻两宫关系颇为亲密,母子之情原本便是天然之事,但仍然值得高兴。至于皇帝亲政的情形,我知之有限,未敢断言,且以臣下之身份亦不许妄议。"

以上是对上次报告泄露的谈话概要进行的补记,由此观之,夏某的弹劾,对总督而言无异于蚍蜉撼树。至于迁都之议,总督是彻底反对的,因为北京临近满洲,两宫无论如何都将还驾该地。下官最欲了解的便是总督关于皇帝亲政的意象,此点与其他事项不同。然而总督并未给予明确的答复,为此下官颇感遗憾。从事情的性质来考虑,只有不给予明确的答复,才能保全一国高官的体面。

谨将上述内容报告尊处。

外务大臣　加藤高明阁下

驻沪代理总领事　小田切万寿之助(印)

明治三十四年二月十五日

二二八五　3月14日　驻汉口领事濑川致外务大臣加藤张之洞、鹿传霖、李鸿章三者关系之情报文件

机密第 11 号,3 月 26 日接收

此次,根据上海寄来的报纸报道,追加祸首处分的名单中出现了鹿传霖的名字。据闻,鹿传霖与张之洞是亲戚,关系最为紧密,张之洞至今向西安朝廷传达的意见,概借鹿传霖之力。若鹿传霖一朝去职,张之洞在朝廷中的人脉将仅剩陕西巡抚岑春煊这一支。张之洞对于上海报纸的报道颇感痛心,因此将自己此际的苦衷告知了与其平素最为亲近的一名英国人,这名英国人又转达给了英

国领事,英领事为了张之洞,向驻京的该国公使发去电报,称鹿传霖无罪。

张之洞和李鸿章从前便有意见上的分歧,此时两人的关系出现了更多的隔阂。张之洞首先对李鸿章和俄国的关系甚感不悦,而在此次事变中李鸿章的所作所为更让张之洞屡屡愤慨懊恼。是以在清廷之中,张之洞的势力每减一分,李鸿章的势力就将每增一分。可以看得出来,现在的张总督,正期望专赖英国之力以自固。

之前就张之洞的病,下官曾试图请神保军医为其医治,英、德也各自举荐了本国的医师,至12日,遂接受了英国医生汤姆森的诊断。据汤姆森所言,张氏如今的病症是慢性支气管炎,尚无其他危险症候,不过其全身颇显虚弱。

敬具上述报告,供尊处参考。
外务大臣　加藤高明阁下

驻汉口领事　濑川浅之进(印)
明治三十四年三月十四日

二二八七　5月8日　驻上海代理总领事小田切致外务大臣加藤西安行在状况之情报文件
公信第164号,5月15日接收

本月5日,在本地发行的报纸上有一篇以"西安纪事"为题的报道,甚为详细地谈论了西安的状况,较为可信,现将之译出如下:①

---

① 原文为日文,其内容与《西巡回銮始末记》(见中国历史研究社编:《庚子国变记》,上海书店,1982年,第184—191页)中《两宫驻跸西安记》的相关内容完全一致,故将《西安记》相关内容录入,不再另行翻译。

一、行宫杂记①

　　行宫先驻南院，后移北院。南院是总督行台，北院是抚台衙门。先驻南院者，因署外广阔；后移北院者，因署内轩敞。本来预备南北行宫，听两宫旨意，两处墙垣皆是一色全红。南院自经慈圣驻跸后，正门遂封闭不开，奉旨作为抚署，而由便门甬道出入。北院一切装饰亦全红色，"东辕门""西辕门"字亦红漆涂盖，辕门不开，周围以十字叉拦之，如京城大清门式。正门上竖立直匾，写"行宫"二字。中门、左门皆不开，由右门出入。入门有侍卫及一切仪仗，旁有军机处朝房、六部九卿朝房、抚藩臬各员朝房、侍卫处，种种名目，则贴红纸条而已。大堂空洞无物，左房为内朝房，右房为退息处。至銮阁中有六扇屏门，中开二门，设宝座一张，上盖黄布。至二堂，又设宝座一张，亦盖黄布。左有一房，为召见处。右有一房，为亲王办事处。三堂中又有宝座一张，左右房为太后宫室。二堂之东，有三间，为皇上寝宫。后又有三间为皇后寝宫。三堂之西屋三间，为大阿哥居住。行宫内皆用洋灯，近来俱换大保险灯及洋烛，因贡物已到，是以顿增华丽云。

二、两宫起居之事

　　两宫到行在后，太后常有胃痛之疾，不服水土，夜不成寐，辄哭，时命数太监捶背，日夜不休。皇上反比在京时健旺，偶与太监耍戏，亦嬉笑如常；惟圣衷不悦时，辄大骂太监，亦似有所怨恨者。各处进贡之物，太后命太监开单分赐群臣，毫不吝惜。凡各省贡品送到内务府，太后必悲喜交集。皇上见直省贡物，涕泣不已；有时在园中玩耍，见太监入园，或避入门后，或趋入宫内，不知何意。人

---

① 包括此处在内的小标题均不见于《西安记》中。

疑圣心之有疑疾也。

三、两宫用膳之事

太后皇上御膳费,每日约二百余两,由岑中丞定准。太后谓岑中丞曰:"向来在京膳费,何止数倍! 今可谓省用。"岑奏曰:"尚可再省。"又每晚先由太监呈上菜单一百余种,亦不过鸡鱼鸭肉之类,其后贡物燕窝海参都至,御食乃丰。皇上喜食黄芽菜,并不多用荤。太后喜食面筋,亦不多食他品,谓太监曰:"不必多办菜,从前御筵一百余种,皇上不过食一二品而已。"太后皇上去年冬皆食牛乳,养牛六只。今春因天太干燥,不食,将牛六只发交西安府喂养,每月需银二百余两,另有牧牛苑。

四、两宫御服之事

两宫出京时,仓皇出走。除身穿之衣,余皆未备。嗣由京城陆续将两宫随穿衣服带往。故太后所穿之衣尚是旧时衣服。皇上亦然。[①]

五、两宫蒙尘时之遭遇

两宫至行在时,百姓皆得仰瞻圣颜,然皆跪接。太后未到行在之先,谓王中堂曰:"我要看看百姓究竟是如何苦楚。"是以太后御车行至乡间,百姓皆得见天颜,并有乡农远远立田间翘望,并不趋避者,太后并不加罪。皇上看见乡民形状,甚奇之,盖从未见过者。太后谓皇上曰:"咱们哪里知道百姓如此困苦!"故到行在后,即命岑中丞办赈济,开粥厂。并时以赈务如何询问岑中丞不置。

六、太后于北京扰乱情形之关切

太后亟思回銮,然往往无端惊惶。二月初十日本拟下回銮之

---

① 《西安记》此处后尚有一小节,论光绪与大阿哥争养小狗事,《文书》未录入,内容如下:两宫及大阿哥到行在后,并未出宫。大阿哥养一小狗,皇上索去,后大阿哥又命太监索回。相传皇上因此曾责罚大阿哥。

旨，及闻俄约，又中止。刻下行宫内外已一律盖芦席棚，似有过夏之意。行在各人皆恃邸相为泰山，望电报如饥似渴。太后曰："我一日不见京电，便觉无措；然每见一电，喜少惊多，心实胆怯。"庄王、英年、赵舒翘诸人之死也，太后曰："上年载勋、载澜诸人，自夸系近支，说大清国不能送与鬼子，其情形横暴已极，几将御案掀倒。惟赵舒翘，我看他尚不是他们一派，死得甚为可怜。"言至此，并为落泪。

该"西安纪事"中除上述内容外，尚有数节报道，留待下次向尊处译报。

外务大臣　加藤高明阁下

驻沪代理总领事　小田切万寿之助（印）

明治三十四年五月八日

二二八九　5月11日　驻上海代理总领事小田切致外务大臣加藤

关于庄亲王、赵舒翘、英年、毓贤处刑及端郡王远谪之报告文件

公信第168号，5月20日接收

西安府行在情形之续报

本地报纸上刊登的题为"西安纪事"的报道详细叙述了西安府行在的情形，其中有不少值得采信之处，在上一封公信中已经译出其中数节上报，现将其余数节译出于下，供您阅览。①

一、已革刑部尚书赵舒翘被赐自尽事

前尚书赵舒翘之赐令自尽也，先是上年十二月二十五日上谕，

---

① 日译文内容与《西巡回銮始末记》中《罪魁奉旨赐死记》及《两宫驻跸西安记》的相关内容完全一致，故将《始末记》相关内容录入，不再另行翻译。

本欲定为斩监候罪名,已由臬司看管,家属均往臬署侍候。先一日太后谓军机曰:"其实赵舒翘并未附和拳匪,但不应以拳民'不要紧'三字复我。"赵闻,私幸老太后可以贷其一死。廿九日,外面纷传西人要定赵舒翘斩决之罪,于是西安府城内绅民咸为不服,联合三百余人,在军机处呈禀,愿以全城之人保其免死。军机处不敢呈递,刑部尚书薛允升,本赵之母舅,谓人曰:"赵某如斩决,安有天理!"至初二日,风信愈紧,军机处自早晨六点入见太后,至十一点始出,犹不能定赵之罪。而鼓楼地方,业已聚集人山人海,有声言欲劫法场者,有声言:"如杀大臣,我们即请太后回京城去!"又有看热闹者。军机处见人情汹汹如此,入奏太后不如赐令自尽。至初三日,而赐令自尽之上谕下矣。是日早八点钟降旨,定酉刻复命。于是岑中丞衔命前往。宣读毕,赵跪谓中丞曰:"尚有后旨乎?"岑曰:"无。"赵曰:"必有后旨也!"其时赵夫人谓赵曰:"我夫妇同死可耳!必无后命矣!"遂以金进,赵吞少许。午后一点至下午三点钟,毫无动静,犹精神大足,与家人讲身后各事,又痛哭老母九十余岁,见此大惨之事。其时赵之朋友及亲戚,往视者颇多。岑中丞始止之,既而亦听之。赵谓戚友曰:"这是刚子良害我的!"岑见赵声音宏朗,竟不能死,遂命人以鸦片烟进。五点钟,犹不死。又以砒霜进。至是始卧倒呻吟,以手捶胸,命人推抹胸口,但口说难过而已。其时已半夜十一点钟,岑急曰:"酉时复命,已逾时矣!何为仍不死!"左右曰:"大人何不用皮纸蘸烧酒,扪其面及七窍?当气闭也。"岑如法,用皮纸蘸烧酒扪之,共扪五张,久之不闻声息,而胸口始冷。夫人痛哭后,遂亦自尽。按赵之身体最为强旺,故不易死,又有意候旨,大约鸦片烟所服有限也。

二、庄王载勋自尽之事

庄王载勋之待罪蒲州也,在行台居住,其妾其子随之。葛宝华奉赐令自尽谕旨,衔命前往。及抵蒲州,到行台,为时尚早,门外放炮迎迓。庄王大骂曰:"何故无端放炮?"左右曰:"钦差葛宝华至。"庄王曰:"其我之事乎?"左右曰:"钦差过境耳。"及宝华入,庄犹详询行在各情形,葛不深答。行台之后本有一古庙,葛往视有空房一间,遂设为庄王自尽之所。悬帛于梁,锁之。旋饬蒲州府及营县派兵弹压。传命有旨,饬庄王跪听。庄奉传,挺身而至,谓葛曰:"要我头乎?"葛不语,但读旨。庄曰:"自尽耳!我早知必死,恐怕老佛爷亦不能久活!"又谓葛曰:"与家人一别可乎?"葛曰:"请王爷从速!"其时庄王之子妾亦至矣。庄王谓其子曰:"尔必为国尽力,不要将祖宗的江山送洋人!"其子哭不能答。妾则滚地昏厥,不知人事矣。庄曰:"死所何处?"葛曰:"请王爷入此房内。"庄入,见帛已高悬,掉头谓葛曰:"钦差办事真周到,真爽快!"遂悬帛于颈,不过一刻,即已气绝。

三、已革左都御史英年自尽之事

前都察院左都御史英年,为人极胆小。十二月廿五日降旨在陕西省监监禁赵舒翘,则有家人探视英年,则一人岑寂,终夜哭泣,谓人曰:"庆王不应不为我分辨!"人不敢答。至元旦,众皆以岁事忙碌,不暇之顾。英年哭至中夜,忽无声。次午,家人见其伏地气绝,满面泥污,众趋视之,乃知其以污泥蔽塞满口而气绝者。然是时尚未奉朝命也。众不敢以死声张,直至初三日旨下,始禀岑中丞复命。

四、端郡王载漪流放极边之事

端王载漪,未奉旨发往极边时,已在宁夏。及传旨发往极边,大阿哥已如痴如呆,而端王奉发充之旨,不惟不惊,而反大喜。谓人曰:"这已是皇上恩典了!咱们尚等什么?快些往新疆走,不要动皇上盛怒了!"又急问左右曰:"咱们阿哥有罪乎?"众曰:"不闻旨。"端王曰:"却不与他相干,谅无妨也。"故奉旨之日,端王即兼程起行,深恐西人再加以正法之罪也。

五、山西巡抚毓贤处刑之事

山西巡抚毓贤,自奉发遣新疆之旨,押解起行,业已一路带病,不能行走。及闻正法之旨,早已人事不知,如昏如梦,不似在任时暴虐情形。在正法之先一日,已经病危,故拖至杀场,毫未费事。又传闻毓贤当未死之先,甘肃城内,并有人张贴告白,约会大众代为请命免死。毓知事无益,亦发告白一纸,自明其死光明正大,嘱大众勿阻。又自挽二联,其一云:

臣死国,妻妾死臣,谁曰不宜?最堪悲老母九旬,娇女七龄,毫稚难全,未免致伤慈孝治。

我杀人,朝廷杀我,夫复何憾!所自愧奉君子廿载,历官三省,涓埃无补,空嗟有负圣明恩。

其一云:

臣罪当诛,臣志无他!念小子生死光明,不似终沉三字狱。

君恩我负,君忧谁解?愿诸公转旋补救,切须早慰两宫心。

意者将死哀鸣欤?然词气从容,病中未必能为此也,或其友代为捉刀耳。①

六、军机大臣入对之事

军机处仍是荣中堂问事,王中堂则可否因人,鹿尚书则附和荣

---

① 日译文中未将毓贤自挽二联事写入。

中堂。有人一日见三大臣上朝，先是一太监手捧圆盘一，上盖黄绫，引三大臣前进，王中堂先行，荣中堂第二，鹿尚书第三：王中堂白发苍苍，面目清瘦，走路吃力；荣中堂须亦微白，面扁而黄，有足疾，身材亦不高；鹿尚书颈歪，面浮肿，尾随其后，似欠精神。人谓每召见，总是荣中堂一人说话，王中堂本重听，鹿尚书近来亦甚重听，全恃荣中堂在军机处宣示，而又多请教于荣幕樊云门，否则莫知底蕴也。

七、各部大员之事

鹿尚书住木四牌楼，产业在西安者甚多。荣中堂住满城。王中堂住贡院。除都察院、内务府、工部，其余各衙门皆设贡院内，以红纸长条书"某部公所"字样而不书衙门。贡院内皆系办公之所，各部暂刻木质关防，文曰"行在某部关防"。王中堂有太平宰相之称。鹿尚书肝气太甚，于两江最为吹求，深赖两湖为之调处；荣中堂尝劝其意气勿过甚，又勉其凡事外面圆融，使人不测。

八、引见各员之事

各员奔赴行在候引见者有二百余人，故朝廷电催吏部尚书敬子斋冢宰到行在，即料理引见事宜。惟各员以食用太贵，不堪苦状：其津贴办公各员之项，一二品每月一百廿两，三四品六十两，五六品四十五两，七品以下三十两。聊可敷用而已。近来简放各员，颇有谓军机之私心者。

九、行在饷银之事

各省解往银两赴行在者，在二月初核算，已有五百万之多。岑中丞预备带银六十万赴晋，为各防营之费。所有已收饷银，俱存储藩库，尚未大动。

除上述内容外，尚有数种报道，待下次再向尊处译报。

外务大臣　加藤高明阁下

　　　　　驻沪代理总领事　小田切万寿之助(印)

　　　　　　　　　　明治三十四年五月十一日

二二九一　5月16日　驻上海代理总领事小田切致外务大臣加藤

于荫霖就回銮沿路准备之奏折译报

公信第175号,5月23日接收

　　　现任广西巡抚于荫霖在任河南巡抚之时,便应为两宫回銮做好一切沿路的准备,然于荫霖却告知现下河南省官帑欠乏,恐怕难以实现以上目的,遂上奏请从他省经过河南的京饷银内截留若干,以供沿路准备之用。现将其奏疏大意译出如下:①

　　　臣于上年钦奉传谕,饬将回銮经过地方先期筹备,遵即委员周历履勘,将拟办情形绘图贴说专折奏明,并饬司设立供支局,择要拨款,派员筹办在案。兹据布政使延祉详称,遵查跸路所经,自阌乡县入河南境至安阳县出境,共备正站二十三处,腰站二十三处,所有辟治道途、修筑行宫、建造桥梁舟楫,以及中途御用,均系懔遵谕旨,仅求整洁适用,择其必不可少者,略具规模,已由司库陆续发银十八万两,此外撙节。估计不敷尚巨,虽用款不能预定,非先筹拨银二三十万两不足以备临时之需。应请将由豫过境无论何省京饷,截留银二十万两,以备供支等情请奏前来。臣伏查该司此次筹备供支,委系切实勘办,仰体朝廷爱惜物

---

① 日译文系根据于荫霖《请截留过境京饷以备回銮供支折》译出,此处将该折原文录入,不再另行翻译,参考自于翰笃编:《于中丞(荫霖)奏议》,沈云龙主编:《近代中国史料丛刊》第二十三辑,台北文海出版社,第364—366页。

力、崇尚节俭之至意,并未敢稍事华美,其需用银两,豫省近依辇毂,恭值翠华临幸,阖省官民幸得瞻天仰圣,自当各效筐篚迎师之分,以竭葵藿向日之忱,用款稍多,岂敢稍存推诿,即有不敷,止可商同各省协济,以昭率土尊亲之义,原未便请留正款。但豫省库储将罄,现存者止有此数,无可腾挪,将商求协济,在各省亦谊无可辞。惟文牍往返,筹解需时,而沿途工程及应备供帐各件,又未可再行从缓,以致临时竭蹶,应请如该司所议,仰恳天恩,无论何省京饷过境,准其截留银二十万两,俾得预为布置,无误要需。除咨部外,理合将截留京饷,预备供支缘由,恭折陈明,伏乞皇太后、皇上圣鉴训示。谨奏。

针对以上奏疏,应该之后会有提供相应处理措施的上谕颁布。

据以上观之,尽管至今仍有许多关于两宫回銮的风闻,但是行在早晚将取道河南返回旧京,这应该是不容置疑的。

外务大臣　加藤高明阁下

驻沪代理总领事　小田切万寿之助(印)

明治三十四年五月十六日

二二九二　5月18日　驻上海代理总领事小田切致外务大臣加藤

西安行在状况之续报文件

公信第182号,5月23日接收

本地发行的报纸上刊登的题为"西安纪事"的报道,相关内容前已译报两次,现再译报数节,以供阅览。①

---

① 此部分1—4节的内容与《西巡回銮始末记》中《两宫驻跸西安记》的相关内容完全一致,故将《西安记》相关内容录入,自第5节"岑巡抚之事"起为新译内容。

一、内监跋扈之事

太监有孙姓者,与李莲英、黑辛同一跋扈,而贪婪亦不相上下,湖北解饷交内务府银两,由孙太监督同监平,解饷委员曰:"这是湖北关道平足对宝,每锭五十两,断不短少。"孙太监曰:"你解过几回饷,你知道什么解饷的规矩!"委员又曰:"海关道平色实是不短。"孙太监曰:"然则老佛爷的平假的么?"言毕,仍欲拳打脚踢,委员急退。内务大臣继禄慰之曰:"你来得辛苦,我们总不叫你们吃亏的,不过他们在这里进项太苦是有之,你们要稍稍原谅。"委员将各节一一出而述诸人。广东解贡品二十四种,因未贿赂太监,被太监剔出九色退还。某道台解贡往行在者,出而告人,愤愤不已。

二、行宫附近市面之事

行宫左右地方皆驻扎武卫营兵,而街市亦照常贸易。人谓不愁货不卖,只愁无货,惟最惧太监买货,不肯付钱。

三、演剧之事

西安向有两个园,至是大加修葺,召京内名角演剧。太监见太后常哭,辄请老佛爷听戏。太后谓:"你们去听罢!我是断没心肠听戏的!"故宫内并无戏台,两宫及大阿哥实未曾听戏。而行在各员往听戏者,则与京城兴致无异,是可叹也。

四、西安市面之事

西安饥荒,以西北为甚,正二月来,无日不求雨。赤地千里,入河南境始见麦苗。现西安府麦子每斤九十六文,鸡蛋每个三十四文,猪肉每斤四百文,黄芽菜每斤一百文,鱼甚稀而极贵,其余一切菜蔬,无一不贵。洋灯在南边每盏数角者,在西安值三元,火油洋烛,无一不贵。洋货绸绫,更不必说,且无货,厘金甚为亏短。亦有土娼,皆草屋土炕,不堪插足。现在各处陆续运粮不少,然并不平粜,皆留作兵士口粮。

五、岑巡抚之事

岑巡抚处事主张真实公正,十分果断。因此内务府中人颇衔恨之,盖因内务府一切用度及各员的津贴等皆须巡抚衙门支出,因不准少许浮销,故颇显清苦。然而该巡抚在谒见太后之时,奏称"臣将为太后核定内务府的用度",太后对此欣然接受。是以该巡抚被讥讽为"太后的账房"。其实岑巡抚是公忠体国,希望能够杜绝各种积弊。再者,历来臣下被召见,乃是出于君命。而岑巡抚未待召见之命,自请召见,从上午8时至11时、下午7时至8时止,可知岑巡抚谒见之事已是常事。一日孙太监对人说,我等所在之处应该演戏,以今日之情形,这不正是一出"二进宫"嘛!此言正是暗讽岑巡抚之事。当时太后心中深怀一日不见岑巡抚,便少了依靠之心理,这种情况盖可说明岑巡抚的胆识过人。

六、岑巡抚与端巡抚不和之事

岑巡抚与端巡抚本非同一类人,双方关系由于二三事情变得十分不和。两人同为荣禄门生,端方颇明时事,被视为旗人之中的佼佼者,荣禄曾请太后任命其为福州将军,彼时正值岑、端不和,由于太后对岑氏一方稍有偏心,遂以端方资历尚浅、恐难膺福州将军之任告与荣禄,此事遂止。之后,太后从北京前往西安途中,在渡过黄河之际,端方令人作一龙舟,太后得以一路风平浪静地上岸,翌日便起大风,然而已是渡河之后,并无妨碍。太后大赞端之处置得宜,且下旨命其代为前往龙王庙致祭,自是圣眷愈深,自抵达行在后未尝稍衰,其善于处事之能力至今仍深受赞赏。

七、岑巡抚转任山西之事

岑巡抚转任山西并非出自太后之意,而是出自军机及内务府中人之意。岑巡抚之前极喜上书,又屡屡就山西防务相关事宜上奏。之后,正月前后,山西巡抚锡良突然传电行在称固关失守,不久又发来了失守乃是误传的电报,太后颇忿锡良之昏愚无能,岑春煊在召见之时也痛诋锡良之措置失当。于是鹿传霖就请将岑春煊转为山西巡抚,然而太后为此犹豫不决,平素与该巡抚关系不佳的内务府大臣继禄亦通过荣禄,将此事进一步向太后奏陈,太后只得顺势允准,遂下达了命令。岑巡抚在谢恩谒见之时,太后对其曰,我甚望汝能在此地照料,孰料他们皆想让汝离开,汝先暂去,之后再想适当的对策。此时岑巡抚方知被诸臣愚弄之事。

八、补记太监跋扈之事

去年义和团之乱实起自李莲英等人。当时端郡王每于宣布谕旨之时,必向人言"此乃我等与李总管商议的结果",以此扼制他人。招募老团、攻击公使馆以及请赏称号等事皆是李等所为。攻击使馆之际,一闻炮声,小太监们均逃走,又告知太后正在攻打一处鬼子堂,太后对此深信,之后天津失守,太后更是不知。在七月二十日阴历之前,太后只知团民连战连胜,然而二十日公历8月14日早朝时,载澜仓皇入见,告知太后鬼子已向京城赶来,太后问以隔天津何以能来,载澜遂将清军在天津屡屡战败之事略陈。此时李莲英对太后说:"老佛爷无须惊慌,我等到陕西调集各省大军之后,打败鬼子并非难事。"太后于是不得已而出京。两宫蒙尘之后,岑巡抚在中途奉迎圣驾之时,太后于车中掀帘与该巡抚交谈,问道

"你可知京内情形如何？"该巡抚将其所知之事尽皆禀告。太后目光扫向李莲英，对该巡抚说，都是他们造的业，把我们害成了这样。此时岑巡抚坐拥勤王之兵，已有杀掉李莲英之心。之后有小太监在途中强求供应，并称系老佛爷的懿旨，岑巡抚听闻后，以伪传圣旨之名义上奏后，杀掉了其中三人。李莲英当时颇为勤劳用事，且李莲英不在，太后便举止不安。太后正在蒙尘之中，不可行违逆圣意之事。李莲英到达行在之后，其气焰与在途中时相比有所减轻，对岑巡抚有惧怕之色。之后岑巡抚管理内务府用度，内务府大臣继禄日与李莲英密谋将该巡抚逐离陕西，该巡抚对此也略知一二，一日向人言道，后悔未能在途中将李莲英杀掉。当时各处的上奏，太后多不得见，对外宣称是"留中"了，实际上则是被李莲英等人藏匿或扔掉。且奏折中，李氏不同意的，太后也一定不允，随即军机处也不允。又，一道上谕的颁布，必须先经李氏过目，已是常事。比如去年十二月十日阴历的上谕，前后就曾改动五次。当时李莲英对荣禄称，这些不过是我等的公事罢了。这之后，军机处起草关于变法的上谕，被置之不顾。军机奏事时，太后不能答时，多由李莲英代答代驳。又，李莲英若不在太后左右之时，太后便会表现出严肃之色。大臣们在谒见太后之时，称若无李氏传宣之劳，我等就会怠惰。各处送来的贡品，太后常赐与李莲英，因此李氏房中满目黄缎，俨然如太后寝宫一般。太后又常乐于到李氏住所坐谈。近来在行在，卖官价格并不甚廉，太后多徇内监之请，且怜其清贫。李莲英等在外宣称，如果老佛爷在京城的金银全部丢失的话，我等会聚敛我们的私房钱供老佛爷使用。李莲英常对人言，皇上在行宫内只知游戏，并有痰疾。且李莲英暗中指示小太监等与皇上嬉戏，却在太后面前说皇上的坏话。阻止回銮北京之事，实是李氏所为,时时以恫吓之词进言太后。在行宫卖官已经成为李氏等人的利数。不愿回到北京的原因,明显是怕受外人之苦,而自北京发来的涉及罪臣之名的电奏,每每令李莲英等表现出惶惶不安之貌。

外务大臣　加藤高明阁下

驻上海代理总领事　小田切万寿之助(印)

明治三十四年五月十八日

二二九四　6月8日　驻重庆副领事山崎致外务大臣曾祢
清廷回銮之情报文件

6月8日午后11时40分自重庆发,6月9日午前11时57分东京收

外务大臣曾祢:

　　接到了驻成都的井户川〔辰三〕先生发来的如下电报:

　　清国皇帝将在阴历七月十九日向北京出发。

二二九五　6月10日　驻华公使小村〔寿太郎〕致外务大臣曾祢〔荒助〕电报
清廷回銮之情报文件

6月10日午后4时大沽发,8时30分东京收

曾祢外务大臣:

第143号

　　在6月8日颁布的上谕中,宣布了清国皇帝和皇太后决议将一同经河南省及直隶省回銮北京,并将从西安启銮之日定在了阴历的七月十九日。

二二九六　6月10日　驻上海代理总领事小田切致外务大臣曾祢清廷回銮之情报文件

公信第 223 号,6 月 17 日接收

本年 6 月 7 日,西安行在颁布了关于回銮日期的如下上谕：①

上年七月以来,仓猝播迁,朕侍慈禧端佑康颐昭豫庄诚寿恭钦献崇熙皇太后暂驻关中,瞬将经岁,眷怀宗社,时切疚心。今幸和局已定,昨经谕令内务府大臣,扫除宫阙,亟欲即日回銮。惟现在时令已交仲夏,天气炎蒸,圣母高年,理宜卫摄起居,以昭敬养,势难于溽暑之际,跋涉长途,自应俟节候稍凉,再行启跸。兹择于七月十九日,朕恭奉慈舆,由河南、直隶一带回京,着各该衙门先期敬谨预备。将此通谕,一体咸知,俾慰天下臣民之望。钦此。

根据当地中文报纸的报道,因在北京的坛庙宫殿多有败残,行在军机处下旨,命令由江苏、安徽、福建、浙江、江西、湖北、湖南、四川、广东等各省各向北京输送十万两,交与全权大臣,作为修缮费用。

由以上可见,清国皇太后和皇上早晚将返回北京无疑是事实。
外务大臣　曾祢荒助阁下

　　　　　　　　　驻上海代理总领事　小田切万寿之助（印）
　　　　　　　　　　　　　　　　　　明治三十四年六月十日

二二九九　6月22日　驻上海代理总领事小田切致外务大臣曾祢
回銮之际随员归京方式及其他方面之上谕报告文件

公信第 244 号,6 月 26 日接收

---

① 日文译自光绪二十七年四月廿一日上谕一道,此处将原谕录入,不再另译。见中国第一历史档案馆编：《光绪朝上谕档》第 27 册,第 82—83 页。

本年 6 月 14 日,自西安行在颁布如下意味之上谕:①

回銮业已定期,吏部右侍郎张英麟、户部左侍郎吴树梅、兵部左侍郎葛宝华、都察院左副都御史何乃莹、国子监祭酒王垿、镶黄旗满洲副都统敬昌、镶红旗蒙古副都统黄永安,均着先行回京供职,各部院人员由随扈堂官每衙门酌留数员外,其余着该堂官饬令分起回京,着户部酌给川资津贴,以示体恤。钦此。

以上可见,之前向您汇报的清国皇帝及皇太后将在九月一日自西安府出发归京的情况是事实。只是近日又频传皇太后将暂时留在河南开封府。

6 月 16 日,行在又颁布了关于宗室、旗人的如下上谕:②

我朝开国以来,宗室人才蔚起,超越前古。凡属宗支,宜如何谨守家法,增辉瑶牒。乃近来风气日趋浮靡,其已登仕版者,每多沾染习气,不思上进。着宗人府宗令等传谕各宗室,务当力除积习,争自濯磨,勉成大器。其闲散宗室,往往有不务正业、日事游荡,甚至为匪徒邪教煽诱,肆意妄行者,实属有玷天潢,殊堪痛恨,并着该宗令等严加约束,随时察究,如有自甘暴弃,信邪为匪者,即着从严惩办,毋稍微姑容。钦此。

同日又颁布如下上谕:③

近闻京城地面,匪徒充斥,抢劫之案层见叠出,或竟有不肖之宗室旗人混杂其间,扰害地方,亟应严拿重惩。着步军统领衙门、

---

① 日文译自光绪二十七年四月廿八日上谕一道,此处将原谕录入,不再另译。见中国第一历史档案馆编:《光绪朝上谕档》第 27 册,第 92 页。
② 日文译自光绪二十七年五月初一日上谕一道,此处将原谕录入,不再另译。见中国第一历史档案馆编:《光绪朝上谕档》第 27 册,第 96 页。
③ 日文译自光绪二十七年五月初一日上谕一道,此处将原谕录入,不再另译。见中国第一历史档案馆编:《光绪朝上谕档》第 27 册,第 96 页。

顺天府、五城各按地段严密巡查，遇有抢劫之案，务将匪犯拿获讯明，立即就地正法。即宗室旗人有犯，亦一律按法惩治，勿稍瞻徇宽纵，以副朝廷除暴安良之至意。钦此。

谨将上述内容译报。

外务大臣　曾祢荒助阁下

驻沪代理总领事　小田切万寿之助（印）

明治三十四年六月廿二日

二三〇一　8月19日　驻上海代理总领事小田切致外务大臣曾祢

回銮延期之情报文件

8月19日午前10时34分上海发，午后1时20分东京收

外务大臣曾祢：

第99号

清廷于八月十四日自西安发出回銮延期至十月六日的上谕。

附记　与前件公信相关

公信第312号，8月24日接收

　　清国皇帝及皇太后原定于9月1日回銮，近日来又风闻将会延期。本月14日果然颁布了以下上谕：①

　　前择七月十九日回銮，早经降旨宣示。朕侍奉圣母皇太后，无日不眷怀宗社，北望思归，方拟依期启銮，早纾慈念。乃昨据升允奏称，关中秋热较伏暑尤甚，大雨之后泥淖弥旬，恳请展期回銮，并代奏陕西全省绅民吁恳，俟天时凉爽再行启跸，庶万乘之重不至冒

---

① 日文译自光绪二十七年七月初一日上谕一道，此处将原谕录入，不再另译。见中国第一历史档案馆编：《光绪朝上谕档》第27册，第136—137页。

暑遄征等语。复据松寿奏称,本年夏令积雨连旬,河水骤发,跸路多被冲毁,灵宝、阌乡等处深沟一线之路,山水暴注,尤属危险,泥深数尺,节节阻滞;巩县行宫现因洛河漫溢,工程亦有损失,刻正设法改修。因思七月间秋热方盛,六飞在道实非所宜,恳恩将回銮日期改至八月节后,秋高气爽,较为安适一折。该抚等所奏,查系实情,不能不加审慎。沿途行宫,前已有旨,力从简略,即或备办未齐,原可迁就。惟山沟险窄,积潦未退,势难畅行。且秋阳正炽,湿热熏蒸,圣母高年,方资卫摄,值此忧劳靡暇,尤宜保重起居,若长途跋涉,逐署巡行,揆诸敬养之道,朕心万不能安,即天下臣民之心,亦必不安。再四筹维,只得吁恳慈恩,勉从该抚等所请,准改于八月二十四日恭奉慈舆启跸回京,所迟不过月余,一切较为妥慎,着即遵照办理。将此谕令一体知悉。各该地方官,仍届期敬谨预备。钦此。

这些内容将会添加在附件中报告。

外务大臣　曾祢荒助阁下

　　　　　　　　驻上海代理总领事　小田切万寿之助(印)

　　　　　　　　　　　　　明治三十四年八月十九日

上谕原文将在之后的八月廿四日小村公使的报告附件中呈现。

二三〇二　8月21日　驻上海代理总领事小田切致外务大臣曾祢节约回銮准备经费及免除贡赋之上谕报告

公信第314号,8月29日接收

　　本月8月14日,自西安行在颁布了如下上谕:①

　　朕禀承慈训,常以躬行节俭为天下先。我圣母皇太后,平日节

---

① 日文译自光绪二十七年七月初一日上谕一道,此处将原谕录入,不再另译。见中国第一历史档案馆编:《光绪朝上谕档》第27册,第136页。

用爱人,无微不至。自上年驻跸关中,宫廷服御膳馐,尤无一不极从简省,地方每日供亿,皆有定数,诸事樽节,力祛糜费。即此次启銮回京,沿途行宫供张,早经传知,屏除华靡,帐褥采棚之属,均饬毋庸备办,自上用以至内监人等所需车马数目,皆开单亲加裁核,极为减少。圣慈爱惜物力、廑念艰难,至于如此,尔大小臣工更当观感兴起,各崇俭约,庶几上下交儆,返璞还纯。至将来跸路所经一切用费,均已准拨正款,原不至扰累民间。惟修治道途等事,终恐捐及农田,有劳民力。朕仰体慈怀,深加轸恤,允宜特沛恩施,所有陕西、河南、直隶各地方,凡系跸道经行之处,应征本年钱粮,着加恩豁免;如有业经征收者,准其流抵来年正赋。各该督抚即饬藩司刊刻誊黄,先期颁行张贴,俾众咸知,务期实惠及民,毋任吏胥舞弊,用副朝廷巡方布泽、子惠黎元之至意。将此通谕知之。钦此。

另外,当天还颁布了一道皇太后的懿旨:

内阁钦奉慈禧端佑康颐昭豫庄诚寿恭钦献崇熙皇太后懿旨:自上年驻跸西安,倏将阅岁。该省民风质朴,荒旱以后,灾困未苏。迭经颁发巨帑,源源赈济,现虽普得透雨,可庆有秋,惟目前生计尚属艰难,深宫实殷廑念。兹值回銮伊迩,再行特沛恩施。著颁给内帑银十万两,交升允酌量散放,俾沾实惠,以恤穷黎。钦此。

这部分的原文将在附件中列入。①

外务大臣　曾祢荒助阁下

驻沪代理总领事　小田切万寿之助(印)

明治三十四年八月廿一日

---

① 原文后的附属书即为上谕和懿旨的原文,故略去。

二三〇三　8月24日　驻华公使小村致外务大臣曾祢关于延期回銮之上谕报告文件

机密第47号信,9月4日接收

清朝皇帝和皇太后之前曾发布将于9月1日自西安启銮的谕旨,而最近却又宣布这一行动将延期至10月6日,相关上谕抄件见于附件。早在这份上谕颁布之前,关于朝廷是否回京这一疑团便有种种臆测在外国人中流传,此次延期上谕的颁布,更与之前的传言有不少相合之处。有人说只要各国军队驻扎在通往海边的铁路沿线上,就不用指望朝廷会归来;甚至有人说清廷已经完全确定了迁都的方针。根据本公使的观察,纵使清廷鉴于内外情势而有了迁都的设想,也绝对没有立刻实施的勇气。即使存在满洲问题未定等情况,但是最终两宫不回京的事情应该不存在。原因在于,若朝廷不回京,则中国政务紊乱的情况将得不到改善;若实行迁都,无异于满洲人完全降伏于汉人,皇室将威严扫地,再难振兴。而且上自朝中官吏,下自近侍太监,都在本地〔指北京〕拥有大量资产,因此朝廷不会不希望回京。无论是之前公布回銮日期,还是停止京官奔赴西安侍候,抑或命令地方贡赋大部分送往北京,这些命令并未因此次颁发的上谕而轻易改变。何况如迁都这样的论调,责高任重的清廷大员如刘、张两位总督,断不敢献策,因此世间关于西安行在返回北京一事的种种臆说,越发不足凭信。然而满洲问题未定确实是回銮的一个妨碍,尽管如此,俄国至今在该地投入的驻军并未再增加,清廷尚不至于为此而抛弃北京,迁都他处。另外,在签订和约的同时,联军除了守卫公使馆和在一定的场所驻扎外,不久之后也会撤退,这也不足以妨害朝廷回京。要言之,此次回銮延期的重要原因,无外乎是联军不会很快撤离北京的传闻以及上谕中说明的西北等地确实出现的近年少有的强降雨,以至跸路沿途地方蒙受水害。①

外务大臣　曾祢荒助阁下

驻华特命全权公使　小村寿太郎(印)
明治三十四年八月廿四日

二三〇五　9月6日　驻上海代理总领事小田切致外务大臣曾祢延期回銮相关事宜及为何任命罗丰禄为驻俄公使之报告文件

机密第98号,9月11日接收

关于两宫延期回銮及任命罗丰禄为驻俄公使之文件

　　关于两宫延期回銮的上谕,上个月19日报告的公信第312号中已经提及。昨日与盛宣怀会见之际,盛氏称该上谕中的记述不过是表面上的理由,其真正的缘由是俄国军队驻扎满洲,且似乎不易撤退。又根据盛氏所言,此次清国驻英公使罗丰禄已经晋身候补三品京堂,并被派去出使俄国。俄国政府因其人与英国亲善,遂表达了不愿接受的意思。然而李鸿章在北京对俄国公使声称其人系自己的部下,并告以可以按照自己的意思去左右罗氏。目前此事仍在交涉之中。

　　谨以上述内容立刻向您汇报。

外务大臣　曾祢荒助阁下

驻沪代理总领事　小田切万寿之助(印)
明治三十四年九月六日

---

① 附属书为前引七月初一日回銮改期上谕,不再赘录。

二三〇六　**10 月 6 日**　驻上海代理总领事小田切致外务大臣小村电报

回銮情报文件

10 月 6 日午后 7 时 40 分上海发,9 时 30 分东京收

外务大臣小村:

第 106 号

　　盛宣怀告知本官,根据一份从西安发来的电报,清廷将在 10 月 6 日从西安出发,渐渐前往开封府,并应该能在开封府驻跸期间,于 11 月 20 日为皇太后庆祝万寿节。

二三〇七　**10 月 7 日**　驻华临时代理公使日置〔益〕致外务大臣小村电报

回銮情报文件

10 月 7 日午后 8 时 15 分北京发,11 时 10 分东京收

小村外务大臣:

第 206 号

　　经庆亲王准许,向您传达清廷终于于 10 月 6 日自西安启跸回銮的公报。

二三一一　**11 月 14 日**　驻华公使内田〔康哉〕致外务大臣小村电报

回銮情报文件

11 月 14 日午后 3 时 10 分北京发,午后 6 时 25 分收

小村,

　　东京。

第 228 号

　　庆亲王已于本月 11 日抵达开封，朝廷则在 12 日抵达。朝廷从该地启銮的时间尚不可知，但是 20 日是皇太后的生日，启銮日期应该在这之后。

内田

二三一二　11 月 18 日　驻华公使内田致外务大臣小村电报

回銮情报文件

11 月 18 日午后 7 时北京发，11 时东京收

外务大臣小村：

第 232 号

　　本公使收到可信的消息，朝廷预定在 12 月 22 日抵达北京，其公布从开封开拔日期的上谕应该会在 11 月 25 日发表。

二三一四　11 月 27 日　驻华公使内田致外务大臣小村电报

回銮情报文件

11 月 27 日午后 3 时 40 分北京发，7 时东京收

外务大臣小村：

第 237 号

　　据本官所闻，袁世凯接到了行在军机处的通信，称朝廷将在 12 月 3 日离开开封，朝北京行进。另外，庆亲王将在 11 月 29 日回到北京。

二三一六　12月2日　驻上海代理总领事岩崎〔三雄〕致外务大臣小村电报
颁布废太子上谕之文件

12月2日午后2时8分上海发,7时15分东京收

小村外务大臣:

第118号

　　清朝皇太子[①]因一份随意的奏请而被废去储位,并且下诏命其离开内宫,但是皇帝仍然施以特别恩典,授予其一等公爵。

二三一七　12月2日　驻华公使内田致外务大臣小村电报
关于废黜清廷皇太子之报告文件

12月2日午后9时36分北京发,3日午前2时20分东京收

第247号

　　据11月30日的上谕,皇太子溥儁被废去储位。

二三一八　12月15日　驻华公使内田致外务大臣小村电报
就回銮日期与庆亲王之谈话文件

12月15日午后3时30分北京发,午后7时15分收

小村,

　　东京

第263号。

　　庆亲王在12月14日告诉我,虽然由于电报中断,他尚未收到官方消息,但是朝廷已经在12月14日离开开封,并将在1月7日

---

① 即"大阿哥"溥儁。

抵达北京。

郑〔永邦〕已在12月10日抵达。

内田

二三一九　12月15日　驻华公使内田致外务大臣小村电报
回銮情报文件

12月15日午后7时30分北京发,11时30分东京收

外务大臣小村:

第265号

朝廷于12月14日于开封发辇,外务部收到的电报中,提到的回銮路线如下:

彰德河南省,驻跸一日,

顺德直隶省,驻跸一日,

保定府,驻跸四日,

抵达北京,1月7日。

二三二〇　1902年1月7日　驻华公使内田致外务大臣小村电报
清廷还都之报告文件

1月7日午后2时45分大沽发,5时30分东京收

第3号

清廷已在1月7日回銮。

二三二一　1月10日　宫内大臣田中〔广显〕致外务大臣小村
传达天皇对清廷还都祝辞之文件

宫内省外事课,往第4号

将附件交由驻华内田公使上奏清国皇帝陛下。关于您联络的内容，如果有电报指示的话，我们需要确认并进行对应。这一点向您报告。

外务大臣　小村寿太郎阁下

宫内大臣　田中光显子爵

明治三十五年一月十日

附属书　天皇祝词

日本驻华公使内田谨将日皇祝词献奏清国皇帝陛下：

朕听闻陛下及皇太后陛下一路顺利回銮京师，兹特向您献上深厚的祝福。

明治三十五年一月十日

二三二二　1月10日　外务大臣小村致驻华公使内田电报

关于还都祝辞传达之训令文件

1月10日发

驻华内田公使：

第4号

阁下请采取必要的措施将以下敕电传达给清国的皇帝陛下：

朕听闻陛下及皇太后陛下一路顺利回銮京师，兹特向您献上深厚的祝福。

二三二三　1月13日　驻华公使内田致外务大臣小村电报

传达祝辞始末及清廷准备引见各国代表之报告文件

1月13日午后8时45分大沽发，14日午前0时15分东京收

外务大臣小村：

第 7 号

尊处第 4 号电报所载敕电，在协议之后，为了在 1 月 13 日传达给皇帝陛下，本官正式将其交与王文韶之手。中国的官府对此大表喜悦，并称皇帝的答复将在数日内送交本官。

清国宫廷目前正在为引见外国代表而准备。其中第一步，便是在本月 21 日时由五国公使捧呈国书，其次则是本月 26 日的共同谒见。此外，本月 31 日，皇太后还将引见外交使团的贵妇们。

二三二四　1 月 14 日　驻华内田公使致外务大臣小村
奉呈还都祝辞之始末报告
公信第 3 号，1 月 27 日接收

本月 10 日，敬奉天皇陛下就清国皇室顺利还京一事的祝词，命我及时向清廷转达，在本使进宫之时拜呈即可。由于两宫还京之后，国书捧呈方式尚未确定，关于捧呈祝电的手续必须预先商议。昨日，本公使前往外务部，将天皇陛下电文的抄件正式提交给外务部大臣王文韶，王氏许诺一定将其送交皇帝手中，这就是我将天皇电报发送的过程，该国对于陛下此举深为感佩。尤其是关于清帝回銮一事，在其他祝电尚未到达的情况下，我国的行为就格外使之深为感佩。清帝对于该祝电的回复电报应该将在数日之中特遣专人交与本使。

该国皇室现在正在准备接见各国的使臣。先是本月 22 日举行日法英德俄五国公使进呈国书的活动；之后在 25 日举办各国公使馆人员的集体谒见活动；最后，在 29 日，西太后将接见各国公使馆人员的夫人们。以上大致内容在 13 日的第 3 号电报中已经立即向您作了报告。

之前清廷特派赴日专使那桐将来我国之际，该国皇室给我国皇室准备了诸多礼品，也算是〔对天皇关心的〕答谢礼。此际我国皇室也可以向该国皇上、皇太后、皇后三位寄赠礼品，顺利的话，对两国皇室将来的关系和睦会更好。敬请阁下将此意向天皇陛下申明。

外务大臣　小村寿太郎阁下

　　　　　　　　　　　　驻华全权公使　内田康哉（印）
　　　　　　　　　　　　明治三十五年一月十四日

再者，之前第 7 号电信中记入的关于谒见式等活动的日期，之后根据本文记载的内容将日期重新更改列于下方，但是仍然不能确定。

原书注：第七号电报不过是本件一部分内容的速报，为了避免重复，将其省略。

二三二五　1月15日　驻华公使内田致外务大臣小村

呈报清廷还都概略之文件

公信第 4 号，1 月 27 日接收

关于清廷自陕西西安回銮之事，此前已将其沿路驻跸之时日、地点依次电报禀知。去年 12 月 14 日，两宫终于从河南省开封府启跸，之后又乘汽车自正定府抵达保定府，以原总督衙门为行在，驻跸两日。本月 7 日上午 8 时，从保定府发车启跸，于当天正午过永定门外，在临时铺设的停车场中着辇。迎接回銮的先头人员有前往正定出迎的庆亲王和前往丰台站出迎的那桐；其次则是袁世凯、马玉昆等作为后卫，其部下步、骑、炮兵等被分别排成数列，第一列保护皇帝，第二列则保护皇太后，第三列保护皇后，三人均乘坐黄轿。当天下午 2 时前后，两宫抵达宫城内。

这一天，外务部为各国公使馆员的家属包下临近正阳门外大街二层建筑中的和服店三间,准其可以从楼上观看回銮之景。为此,各国公使馆的数十名男女馆员均到这一预备场所的楼上观看。其他在华外国人跑到道路两旁观看的也不在少数。

当初对于参观地点的通知,书面上提到"公使馆家眷参观"的内容,各国公使并不包括其中。若须各国公使出迎的话,肯定会事先做好安排,但李鸿章在世时就已经明确表示不同意公使参与此事。因此如今公使们即便只是参观,或者受到了邀请,也不能答应出席。对此,德国公使率先做了不参观的表态,英、俄、法等国的公使也响应这个决定。不过后来,两宫銮驾通过之时,各国公使中仍有不少人登上正阳门城墙,与公使馆职员和他们的护卫等一起俯瞰。

再者,外国人参观御辇之事,向来是被坚决禁止的,这次御辇回銮情况特殊,特别如从楼上或高处来参观的情形,实际上是前所未有,特别是对于美国公使夫人以及本使的妻子等人的敬礼,皇太后均在轿中一一进行了回礼。又据那桐对郑书记官所说的,起初为了避免外国人在参观御辇之时人员混杂,特别设置了专门的场所。但是临时搭建简陋的小屋,若出现百姓拥堵或意外的颠覆活动,实在难以安心,不如租借商店楼屋作为参观之所,方能保证安全。但这也需要预先得到许可。下官正基于那桐的提议以电报向您汇报之际,恰好收到了两宫允许外国人自由参观的上谕,我们关心的事情正中清廷下怀,这值得欣喜。

从西安归京的随扈王公大臣们大概也在当日加入后续队伍归京,其余人等在第二天回来的也不在少数。

目下宫城全由袁世凯麾下军队守卫,其余如在途中担任护卫的马玉昆所部及武卫中军等均在南苑驻扎。中国百姓多因两宫回銮而更加安心。

外务大臣　小村寿太郎阁下

　　　　　　　驻华特命全权公使　内田康哉(印)

　　　　　　　明治三十五年一月十五日

二三二八　1月18日　中国驻日公使致外务大臣小村传达清帝〔对天皇祝词〕复电之文件

拜启陈者,本大臣于中历初七日接准北京外务部电寄,钦奉我大皇帝谕旨一道,钦此。遵即恭录知照贵大臣,请烦代奏贵国大皇帝,敬申谢忱,是为至荷。专泐奉布,顺颂日祉。

大日本外务大臣小村寿太郎阁下

蔡钧谨具(印)

阴历十二月初八日

附恭录全电,第12号①

附属书　清帝复电

　　奉旨：朕钦奉慈禧端佑康颐昭豫庄诚寿恭钦献崇熙皇太后懿旨,回銮后承大日本皇帝国电存问,情谊有加,实深欣感。著出使大臣蔡钧申致谢忱,钦此。阳。②

二三三一　1月24日　驻华公使内田致外务大臣小村代奏还都祝辞一事之报告文件

机密第8号信,2月6日接收

　　在尊处本月10日发来的第4号电报中,下官接到了天皇陛下要求我将对两宫回銮一事的祝贺国电传达给中方的训示。其时尚

---

① 原书此处附有前文之日译文,略去。
② 原书此处附有前文之日译文,略去,日译文末尾标有日期,为公历1月16日。

在捧呈国书之前,面奏和申辩均无机会,但是若等到国书捧呈之时,则失去传达特意准备的贺电的机会。结果只能靠外务部转奏,看对方是否有合适之时机。先与那桐磋商,那桐答曰:"此次收到贵国天皇陛下的第一封贺电,我皇太后、皇上应当会感到非常高兴。请将该电迅即告知外务省。"本月13日,本公使持贺电译文亲往外务部,与王文韶、那桐两人面晤,称:"本应请求面奏,但因事情紧急,乞请在奉到国书之前,先请贵大臣等代奏。"本日的会面,庆王原本也会出席,但据传是因朝中事务繁忙而未能至,具体情形难以推测。王、那二人答以"贵国天皇陛下发来的贺电,会尽快代奏转达"。之后,16日下午,那桐专程带来附页抄件中要交由中国驻东京公使蔡钧转达的敕谕,即皇太后和皇帝两位陛下的谢电,称:"贵国皇帝陛下发来贺电后,两宫感到非常高兴,并命令将此谢电迅即发送。特此携答电的抄件将此消息告知。"已立即用第9号电报,报告该谢电的概要。在此谨将该电发布之前后经过报告。

外务大臣　小村寿太郎阁下

驻清特命全权公使　内田康哉(印)

明治三十五年一月廿四日

清国皇帝的复电抄件此前已披露,此处省略。

二三三二　1月28日　驻华公使内田致外务大臣小村电报
皇帝及皇太后召见外交团之文件

1月28日午后6时9分大沽发,9时15分东京收

小村外务大臣:

第16号

　　1月28日,皇帝满足了外交团一齐谒见的请求,之后皇太后

也接见了各国公使及代理公使。

二三三三　2月3日　驻华公使内田致外务大臣小村
皇帝及皇太后召见外交团情形之呈报文件
公信第9号,2月14日接收

　　过去的28日午后1时,各国全权公使、临时代理公使及文武公使馆员共计70余名,于乾清宫谒见清国皇帝与皇太后。次日之谒见乃因回銮而赐予各国公使以下人员,依照的是和约当中规定的在上呈国书或御笔亲书等场合中适用的仪式。入宫的路线是,自东华门进入禁城,公使、代理公使到达景运门外,乘换轿椅,行至乾清门阶下,其余人员则于上驷院门前距景运门200余米处落轿,徒步走至乾清门,仍在上书房休息,享用茶果,与从前无异。时刻一到,由奥匈公使齐干领头,带领各国公使、馆员入殿。皇太后坐于宫殿丹陛之上的正座,丹陛之前的大殿中央新设有一段长约九尺,高约5寸的台阶,铺满了外国的地毯,中央设有御座,皇帝坐于其上。各国公使首先齐列于皇帝陛下面前,由首席公使报告附件甲号抄件所述之内容,翻译官将其翻译,皇帝交由庆亲王宣读附件乙号抄件中所述御词,由外务部侍郎联芳将其译成法语。事毕,自奥匈公使起,各全权公使上阶,整齐列于皇帝案前,由庆亲王一一向皇帝介绍此为某国公使,皇帝则以附件丙号抄件前段的御词对之,联芳译成法语后,再用同样的方式介绍意大利、西班牙、荷兰、比利时各国的临时代理公使。之后各全权公使在庆亲王的引导下登上丹陛,齐列于皇太后面前,庆亲王又一一介绍完毕,皇太后以附件丙号抄件的后段内容回应,由联芳翻译成法语,各国公使鞠躬退下,由大殿左门一同退出,于上书房休憩,庆亲王亦到该处寒暄,之后典礼结束,公使们各自退出,按路线返回公使馆。以上的情况在当天已以第 16 号电信的名义立即电禀,在此将详细始末具报于此。

外务大臣　小村寿太郎阁下

驻北京特命全权公使　内田康哉(印)
明治三十五年二月三日

(附属书一)附页甲号　北京外交团代表祝词抄件[①]

陛下：

我荣幸地代表外国驻北京代表向陛下表示敬意。

1900 年的不愉快事件导致北京朝廷的离开,并在一年多的时间里扰乱了与中国政府的外交关系,需要与太后与皇帝的全权代表进行长时间的谈判。

1901 年 9 月 7 日签署的这些谈判的最后议定书幸运地恢复了我们各国政府与中华帝国之间过去的友好关系,我们对此感到满意；它为未来奠定了一个新的基础,通过忠实地履行这些条款,这些关系可以得到培养,并变得越来越亲密。

现在陛下返回北京,并优雅接待了外交使团。我们认为这项工作已经达到最高成就,作为陛下希望在我们各国政府之间建立一种友好谅解的证明,我们必须确保我们各国之间的持久和平。

我们可以向陛下保证,我们有幸代表的主权国家和大国的领导人都有同样的愿望。

因此,我们很高兴在陛下返回北京之际,向他致以最诚挚的祝愿,祝陛下幸福,中国人民幸福。

---

① 原文为法语,此处译成中文。

〔以下为汉文版本〕

各国公使会同觐见颂词

　　本领衔大臣代各国驻华使臣,恭颂大皇帝陛下圣安。缘因去岁惨遭变乱,以致朝廷乘舆西幸,并我各国政府与中国所系交涉,颇觉纷纭,一载有余,随即与大皇帝所简全权大臣酌商弥久。幸洽于本年七月二十五日,始将议定条款,公同画押,则我各国政府与中国历久睦谊,已然复续如恒,忆必共相适意。此次条款画押后,得以树立将来之新基,庶期倚顿新定条款各节,认真恪遵,我各国政府与贵国交谊,自可日加亲密。目下大皇帝回銮,优赐觐见,而诸国使臣欣然以此视为事业之落成,并为大皇帝甚愿扩充邦交、永敦和好之证据。且此美意,亦系我诸国大皇帝、大君主、大伯理玺天德具有同心,是使臣等敢于陛下前确切陈明。故大皇帝此次回銮,在使臣等欣恭表抒,愿祝大皇帝纯嘏绵长,国运隆昌之衷悃,谨此上闻焉。①

(附属书二)附页乙号　清帝御词抄件

　　贵使臣等合词进颂,备达悃忱,朕心殊深欣悦。溯自上年拳匪肇衅,骤至播迁,朕特命全权王大臣回京,妥商定约,宗社复安,生灵无恙,实赖各国大君主、大皇帝、大伯理玺天德友睦之情,与贵使等维持之力。兹当銮舆旋轸,中外联欢,感念之余,尤为嘉慰。自今以后,开诚布公,共昭信义,邦交辑洽,海宇升平,朕与贵使臣等,庆实同之。②

(附属书三)附页丙号　皇帝及皇太后御词抄件

　　十二月十九日各国使臣觐见,皇上谕曰:此次各国使臣觐见,

---

① 汉文版后又有日文版,内容一致,略去。
② 汉文版后又有日文版,内容一致,略去。

朕心甚为欣慰。自此中西各国,友谊益加亲密。今日皇太后亦愿见各使臣,有面谕之言,各使臣听毕遂上皇太后纳陛。皇太后谕曰:今日各使臣觐见,予心甚为欣悦,贵大臣等去年在京受惊者,予心尤为抱歉。此后中西各国,必重敦睦谊,日加亲密,并愿贵大臣等,驻京吉祥如意,同享升平之福。①

---

① 汉文版后又有日文版,内容一致,略去。

庚子西行记事

（清）唐 晏 著

序[1]

余既为唐元素司马刊其所著《渤海国志》，又欲为刊其文集。司马曰：文集所以传我也，记载所以传世也。余文之传，倘将有待无已，则有《庚子西行记事》一编，乃昔者避拳匪之乱，奔赴行在之所作也。其中起陆龙蛇，阳舒阴惨，足以补史乘所不及。余取而阅之，举凡庚子乱事，由始至终，罔不咸在。此事在当日，固多有记载，顾述京师而遗行在，详行在而略京师，至于道涂之见闻，尤阙载笔。司马之书，则由京师以逮长安，见闻所及，上自王公巨卿，下采间井细故，旁及山游水涉，令读者如置身其间。倘他日史氏有坠简之求，则斯编必在所取。宜亟付之手民，俾流传勿失焉。嗟乎！时当温仑述天宝之乱离，遇比庭光记奉天之行幸，吾知后之览者，亦将以北征咏怀、秦州杂诗视此编也。

己未季冬，先立春三日，吴兴刘承幹序于春申希古楼

---

[1] 本资料曾被点校节录于《中国近代史资料丛刊·义和团》第3册中，本处基于1919年上海古籍书店《求恕斋丛书》印本进行点校整理，以完整面貌呈现。原书题后署有"率宾唐晏　纂，吴兴刘承幹　校"字样。

己亥秋,余游江南,居秣陵者半载矣。庚子三月下旬,乃泛海返京师,廿九日抵天津,闻人云天津被火者数次,每次必百余家,河北大街已烧罄无余者,锅店街只余数十家,皆津门精华所萃也。明日登汽车,则一望赤土,不见寸草,盖自去秋不雨,至于是矣。至京,则纷传义和拳之多,几至遍地皆是。每当夕阳既西,肩挑负贩者流,人人相引习拳,甚至有大家亦为之者。且闻端邸为之倡首,又闻某处设有拳坛,其坛上但供伏魔大帝神牌,或有供鸿钧道人者。

又未几,则沿街多帖有告白,仿佛希腊神话。时廷议方禁止习拳,告示皇皇,以拳为厉禁,然凡有告示处,则后必有义和拳之告白粘于其后,一若互相诘难也者。又未几,传闻涞水有毁教堂杀教民且戕官矣,朝旨派聂士成往剿,逮四月初八日,忽于巳午间飞雪一阵,是日,都人往妙峰山进香者,于路冻毙三十余人,亦奇灾也。

及四月底,谣传益多,习拳者益众。未几,又谣传将毁铁路,至五月初一日,火车站果火,且谣言谓,火时并不见人,但铁路自生火耳。自此传闻日众,有谓义和拳当战时,人马高丈余,刃若门扇,绝无可敌之理;又谓不畏火器,衣服为炮子所击,斑如雨点,而身无少损,谈者津津,闻者栗栗。至十五日,余往东城,于途闻人言义和拳已入城云,止百余人,为三队,一队执刀,一队执矛,一队执铛,皆以红布裹头,年纪大都十二三岁,大者不及二十也。先是,各营兵驻扎各城门，每门百余人，帐棚旗帜一新，皆在官道两旁。

前二日，余出宣武门，忽见帐棚皆移城上，不解所以然，及是，闻人言义和拳之初入城，均穿董军号衣，故无阻之者，始悟各军与之通也。是日，余至正阳门，闻人言董军戕日本书记生于城外。十六日，谣传义和拳将焚教堂，至十七日，果于辰巳间，东城教堂火。众皆谓其火教堂也，但见拳民所谓大师兄者，向教堂诵咒不止，火即自起，其火也不及左右邻，其杀人也不及教外，余闻而异之。是夜二更许，闻西南有炮声震天，约十许声，继而东面有应之，去城极近，殊不知何军所为也。

十八日晨，余往东城，行经西安门，见双扉紧阖，门外军士鹄立路旁近千人，马数百匹，系于门之左右。余惊询何事，有军士云：我辈亦不知之，昨夜子刻奉调至此，至今未闻号令。询何人所调，则端邸也。前数日即有将出狩之说，至是殆将实行乎？少选，忽来义和拳一队，约三十人，皆十余龄之童子也，以绛帕裹首，腰亦束红布，执刀矛之属，兵士见之，起立致敬，如奉明神，至则叩门而入，绝无阻之者。余大骇，询路人何以如是？众曰此时孰敢忤义和拳者！问以入门何为，曰端邸召之也，余于是知大局之可危。

是日午后，亲睹其火银锭桥教堂，又睹其火西四牌楼教堂，火皆不少外延，栋柱之属，尽向内倒。观者如堵，皆大呼，以助火势，而邻近之屋，亦安堵不惊，家家焚香于门外，大抵其杀人放火也，谓之行善，而助之焚者，谓之助善。且其人过庙则稽首，入肆买物则起手问讯，如僧人状，盖合吃斋念佛、杀人放火为一事矣。归途，于阜城门街见义和拳一队驱妇女十余出城，据路人云乃二毛子之家眷，将于城外杀之也，津人名教民为二毛子。

十九日，余与友人约于地安门外酒肆。闻肆人云，昨晚往焚西十库教堂,竟不能毁而退。将午,忽正南有烟黄色,直起如烽火,路人皆云此焚屈臣氏药房也。市肆无惊,若豫知其事者。午后,烟不止,且变黑色,是日南风,其直烟变而为横,从南而北,聚而不散,如黑龙之舞空,掠大内而过,北逾鼓楼,仿佛汽船之在海,度其势,不止于屈臣氏一家矣。与友人匆匆别去,出西安门,始闻人言大栅栏被焚已千余家,尚未止也。当晚召见大小九卿,不知所议何事。

二十日,出正阳门,则城楼亦被火,东西荷包巷焚,尺椽不存,城墙皆作赭色,火且越城而入,焚及东交民巷口之敷文坊,正阳门外大街以西,全成焦土,但有败壁立于夕照中,仿佛咸阳之一炬,计所焚盖不止两千家矣。时市中居民始惶然知拳之不足恃,而士大夫从是日起多有送眷属出城者矣。然朝廷于四月间,遣赵尚书舒翘往直隶各属,察视义和拳之虚实,三日而返,其行径殆如明皇遣辅璆琳之觇安禄山,言无它而已。又遣刚相毅往,半月不归,及归,则又如崔允之召朱全忠。盖义和拳之入都,实刚、董二人之谋,刚留于外,董引之于内,故入都如是之速。否则严旨剿拏,拳民甚惧,本无敢入都。自刚之往,义和拳挟之令焚香于坛,且引视其不畏炮火之状,刚遂大信之,及刚未归,而拳民已入矣,故此后遂有用义和拳之旨。至呼为义民,皆起于刚相返京之后。云前数日,西幸之议甚确,外间纷传,且顺天府已备车辆,以待自用,义和拳之旨下,是议乃罢。

是日,余在阜城门内米肆中遇一妇人,泣而言曰,初云杀洋人,乃至今一洋人未损,而所杀者皆中国人之为洋奴者,且男人亦一人未损,而但杀妇孺,似此,岂真能定乱乎?吾甚惧焉。余闻其言,为之挢舌。盖数日来,闻士大夫所言,无及此妇之明决者。始知纬綮不遑漆室长啸者,今未尝无其人矣。自此以后,市中亦有杀人者,夜间则有人沿街传呼，或云向东南烧香，或云供净水一盂，或云今夜勿睡，以防妖邪之入人家，由初更至天明止。卯辰以后，则声息不闻矣，及昏又复如是，竟不知何人所为。二十一日，过一钱店，有持票易钱者，多则给以银，少则以烟纸烛之类作抵，其气象仿佛围城中矣。

先是，有友人为余推毂，主宣化府怀安县文昌书院讲席，余以其地之可以避乱也，拟往就之。于二十二日启行，是日大雨，冒雨出德胜门，至小关旅店，偕行者五人，皆会于此。余乘一驴，衣皆湿透，至店易衣而饮焉。于路遇家眷车殆五十辆，有兵队护之，盖荣相家出城也。二十三日行，晚住沙河，有明代上陵驻跸城一所，城中无人居，登城以望，见黑烟一缕，仿佛十九日之状，由西而东，不知其烧何处也。此日之烟与十七日之炮声，后皆屡询，无能言其故者。是晚，住旅店。晚饭罢，忽闻枪声大作，店主人夺户入曰："有二毛子二百余来攻，镇人御之，诸客如有器械，可以相假，或可协同往助。"余五人相顾曰："我辈本不能战，且战亦非余等事，但宜坐守行李，事急或逾后墙可免。"时同行王君，本营伍中人，谙兵事，升屋以观，呼余曰："枪皆直上，且系土枪，此镇人自惊耳，非有他寇也。"余曰："如是，则易解也。"驱拉王君出呼曰："并无外寇，镇人勿惊，尤勿放枪，但静以待之，如有放枪者，即系外寇，众共擒之。"此言甫出，枪声遂止，卒不见一寇，镇人乃定。后来始知，此夜中贯什闻沙河枪声逃者及妇女入井者极多，倘不早定之，则不知竟成何状。

二十四日，出居庸关，有兵守之，然但见门开四扇，赤帜摇空，竟不见当关之夫作何状态。出关，则两山如壁，流水有声，野花蔽地，山果缀枝，时方盛夏，候如初秋，石壁上时见题字，而弹琴峡风景尤美，颇类园亭景物，考之乃易之诗集。关外在元代为永明宝相寺,今寺已废,而时有小小景物,皆昔寺之所遗。《水经注》谓山岫层深,侧道褊狭,林障邃险,路才容轨,至此知其写景之工。四十里,至岔道宿,甫就枕,忽闻马铃声,有拍店门者,大呼曰有二毛子数百人已上山,去此不远,宜急为之备。店人惊起扰扰,余辈乃告以昨夕之事,令勿动,但安睡无妨。店人始安。

二十五日起行,则居民已十室九空矣。沿路觅晨餐,无所得,或有人家门前鸡子壳满地,叩其户,则空无人,遂至日晏不得餐。枵腹至怀来,东门已闭,呼之不开,呼之急,则城上兵欲以枪向,余辈不为之动,守之不去。遇行路者,云西门未闭可入也,乃亟趋西门而入。到店呼饭食毕,欲住,恐其闭城,遂行。是城中义和拳极多,县令欲禁止之不能,反为拳民所嗾,时正相持也。宿鸡鸣山下。

二十六日至宣化。未至宣化,山路纡盘,登降百折,蜀道不足方其艰也,疾雨忽来,震雷助之,响答山谷,山如翠障,雷从地起,至空中则电火横飞,訇然激响,然其高不能过山,或至山半而响发,似发巨炮,始知昔人制炮,盖有所仿也。衣服尽湿,亟趋至宣化,住南门外。此郡不甚繁盛,不知明武宗何故恋之,欲寻威武大将军府,不得其遗址所在。

二十七日,至张家口,住上堡店中。武成街极繁盛,仿佛天桥大街。是地,义和拳皆以黄布裹首,旗帜尚黄,自云"乾字团"也,其用红者乃"坎字团"。张口山势嶙峋,极似香港,始知天地盖以此为南北门户、中外之限也。在武成街食羊肉,甚美,京师所无。住一日,换车而西,二十八日宿□□□,[①]二十九日宿胡家屯,三十日至怀安县,余住书院,同行者住旅店。

---

① 原文如此。根据路线和方位推测,可能为"上营屯"。

六月初一日,诸生来谒,问其所学,大约时文止知八铭,塾钞诗止于养云山馆,其能读古文,析义七家诗,尚不多也。书院每月三课,一官课,二馆课。官课由县尹主之,馆课则山长事也。县尹张君晋之,名良遹,河南光州人。监院徐君雁题,名名甲,邑拔贡。到院,例供饮馔三日。十一日开课,照例衣冠升座,诸生领卷而退。是日,县署具酒筵一席,凡此皆前令邹君在东所创,刻碑于讲堂下。院本文昌宫,故仍其名曰文昌书院。

十五日雁题邀游虎窝寺,在城西南山半,去城十里而近回峰。贮云虚壑,鸣籁殿嵌岩下,半借岚光,门隐松阴,偏饶翠色。山半有洞,曰冰洞,凡上下二层,上洞宽敞,有石如几,传为明张检讨读书处;下洞则由一穴而入,大如屋宇,石壁水出淙淙,结为层冰,片片可揭,中伏渐厚,入秋始释。余入之,才有薄冰一层。洞口有立石刻,云"炎天傲暑,寒谷回春",款"天与",即检讨字也。据云冬日则极暖,气出如蒸,古有黍谷,以斯方之,未足为异。又其山石,皆作横理,如层层筑成者,而其最下一层,往往衔螺蚌壳累累然,岂其初皆沙泥所化乎?然则凡危峰巨岫,其天地之初,皆经水火炼成者矣,是可考造物之迹。先是,余劝雁题宜练乡团,以保卫地方,雁题以为然,遂招五十人教之击刺于关帝庙,旗帜器械略备,虽不足用,然以壮声威,盖有余矣。

十八日夜三更余,睡甫醒,忽闻犬吠声、枪声、呼杀声大作,亟起呼,老门斗不醒,自往开门,过人问之,云贼已入东门矣。问以何贼,不能对。余往寻雁题,值其杖矛立于门外,问余以何所见,余答以正来相问尔。雁题云:"勿妨,已遣人往探矣。"乃入室坐谈少顷,探者还云:"无他,乃营兵往蔚州购大号者,归来于月下吹之,城上兵闻之,以为寇至也,问之不答,乃开枪以警之,而吹者不为之止,故众惧而大呼也。"明日,闻因此而妇女入井者,凡有数家。余告雁题,此兵非重刑不可,卒以把总不肯,责以六十军棍而已。

二十二日,高星墀奉其封翁理丞宗丞,及洪苔溪吏部嘉与均携眷至,问之则云天津已失守,京城为武卫军所掠者,由东华门以南凡七胡同,公然开枪伤人,无禁之者。董月川全家歼焉,孙相、徐相家均被掠一空,孙相乃逾墙往见荣相,始发兵捕之,斩数人,始止,然已逾一昼夜矣。从此,京官去者极多,故二君亦携眷出耳。

是晚,余偕洪君登城,周览形势,兼论及时事,料京事若急,则乘舆必出,出必从北道,盖洋兵由天津北来,南道必不能行,北道地僻,无知者故耳。苔溪仍返京。

三十日,雁题都中店有人至,云都中近来风声愈紧,故收店挟账簿而来。问以路途平静否?则云路上绝无他故,但无行人耳。余乃思返都,从县学教谕皮洵侯假得一马,从雁题假得一人,乃于初十日成行。

因天方炎热,每日行半站,于十三日午抵张家口住,接徐雁题来函,知家眷已到怀安,遂于十四日仍返怀安,同来者岳仙禽父子、英鹤皋父子。其所以能出者,以李鉴堂到京,人心少定,故乘隙得出耳。未几,赵尚书家眷亦经此西去。

二十一日,同人集饮于城东南之观悟亭。申刻大雨,怒雷击山,颓云覆地,逾时不止,而亭中人饮兴愈浓,不知此正京师破城之日也。

二十六日晨,起闻门斗来言,驾已出至宣化。未几,张令亦遣人来约。至县,则雁题先在座,云京城二十一日不守,驾于二十四日至宣化矣。以宣化传知示余,则所列各王公大臣、随扈者,名皆备,御膳用上八八酒筵,加一品锅一个;早膳则黄糕一碟、杏仁茶一碗而已。王公大臣通用一品锅,加菜四色,且注云多备小米粥,盖闻御膳并不能下咽,而以小米粥为常餐也。张令之意,欲以书院为行宫,余亦以为然。盖通县城屋,无大于书院者。余即移居雁题家,张令即日往左卫接驾。

二十七日,洪茗溪至,云以十九日出京,住南口,俟驾至,乃随行,云于路见刚相,其骄如故。午后,叶鹤巢至,云以廿一日出京,不得车,以十金雇一驴到怀安,云沿途兵士掠夺不可以理喻。

二十八日,户部侍郎英年偕宣化府知府李勘道抵怀安。二十九日晨,余往关帝庙寻雁题时,庙中设支应局,雁题总其事,凡接驾事,皆取办于此。事出仓卒,无成法可循,而雁题处之颇得要领,亦不易易。余曰:"闻上两站皆以兵食不继,致被抢掠,且有殴及县官之举,信有之乎?"雁题曰:"信然。"余曰:"若此,则至怀安时,何以待之?"雁题方偃卧曰:"正在忧之无出,不知何以待之。"余曰:"有一策可免此患,君愿闻之乎?"雁题曰:"固所愿也,策将安出?"余曰:"是不难,但费粟米二十石、白面五百斤、钱十余串,则事毕矣。"雁题蹶然以兴曰:"此固非难,但何所用之?"余曰:"但以米面发各店家,令以米煮粥,盛以巨盎,以面作馒首千枚,而钱则买盐菜数十斤,置之于店门之外,以后凡有兵来,令店主人延之食,食饱而后入,自然无掠夺之患矣。兵之抢掠,不过路远腹饥,无所得食耳。果如此待之,人各有心,谁再施无礼乎?"雁题闻之,曰:"余即往县署,虽县令不在,其帐房可商,现仓粟有余,面肆中面亦不难办,一呼可集也。"余遂与之偕出,余往都司祥君处,闻其接驾甫回,必有见闻也。及到祥处,问以接驾,祥所述亦如人言,谓万全受创最深。未久,雁题亦至,云诸事已照行,即传各店主人来谕之耳。祥君闻此办法,亦曰如此必可无事。是日,余至行宫,见其门帘褥垫,皆以黄布为之,门悬黄布,屋亦不加修饰,大有采椽茅茨之风,惟对联稍不称耳。

初二日申刻,驾至,太后及御舆皆用蓝色轿,从有驮轿二乘以载物,闻系贯什(市)李光裕所献,盖出京时本乘骡车,至贯什(市),光裕乃进驮轿,至宣化道府,各以轿进,驾始御轿。随扈者为端王、庄王、澜公、王相国文韶、刚相国毅、溥尚书兴、赵尚书舒翘、英侍郎年、芬都统车、岑方伯春煊,司员中惟军机章京三二人,它京官之出者极少。至晚,御膳甫上,厨房即为众太监抢掠一空,诸王大臣至于竟夜不得食,闻因索费不遂之故。国势至此,此辈尚敢如此横行,无怪其不可为矣。

或谓此次义和拳之乱,固由端、董,而深宫信之不疑,盖宦寺之力居多。时京兵扈从者不少,余于行宫外,遇一老军士,问以京城不守之状,伊言之历历,云洋兵以十八日至京东,首破通州,炮声隆隆。时庆、端二王遣兵出探,回报云系义和拳攻破贾家疃,疃中教民四散,故相攻耳。至十九日,始知通州已失,朝臣失色。二王以联军已迫近郊,势须迎敌,乃互相推而致愤,庆詈端以召寇,端詈庆以洋奴,遂相哄于神机营。至二十日,庆邸乃率兵一出即返,端邸终未出也。是夜,日本兵攻东直门,炮如雨下,竟夜不止,然未伤一人。二十一日甫明,荣相即驰入宫告败,晡时乘舆乃出,出时止澜公为御,两宫一无所携,由厚载门夺门而出。盖其时,日本兵正在厚载门外也。其夜,青州驻防兵与日人战于厚载门内,死者极多,道旁尸首山积,数日不能通行,皇城内人家同时举火自焚者数十家,无救之者,延烧且尽。二十二、二十三日,城门大开,任人出走,然大雨如注,西直、阜城二门,至不能容人。亦有出而复返者,盖出亦无所往也。妇女不能行,多投城河,河水为之不流。诸王邸及巨家被劫,无能免者。荣相宅被毁,无寸椽。义和拳固久无踪迹,而各帅之兵亦除抢劫外,无能以寸刃向敌者。都中凡官署及府邸,均为联军所据,人家大屋亦多住军。土人引联军入人家,洋人则唯攫洋钱、金银表,土人则掠其余,惟俄、法军则掳及衣服,义人则无物不搜,尺缣寸帛无不攫也,惟日本则不搜一物,美军则自入都即闭营不出,街市不睹美军。时扈从兵士,旗兵为多,入城见各肆门设饮食,肆主人揖令坐食,兵士喜甚,云自出京以来未之有也,食饱辄揖谢,或买物则先出钱,于是市肆安堵无惊,军卒欢然而去。

　　余于宫门外,见内监传旨,令市蓝洋布八尺、饭单一方、帐子一顶。驾之出也,一物未携,但衣绸衫一件,至岔道,夜寒无被,以椅垫为卧具。至怀来,怀来县令献衣一箱。至宣化,献衣者渐多,然用物犹未备也。时岑西林方伯已授行营大臣兼内务府大臣,便服手马鞭立行宫外,而诸大臣亦皆便服顶帽,行李萧条。王相国以高年经此,闻出京时,昼伏禾黍丛中,夜间向人家觅食,如是者数昼夜,始得出居庸关,至此颜色甚憔悴矣。

　　初三日,驾启行西去,时扈从诸军,惟岑方伯甘军一千人,此外则孙万龄队亦追及。驾行时有旨止随扈各军,除甘军外,皆不得行,且命宣化镇何乘鳌于怀安截留各军,而孙军不遵旨,何阻之,孙不服,与何口角,至欲开炮,何不敢与之较,相持久之,终听其西去。至午后,马金叙、万本华各军亦至,马军行列尚整如平日,余军则辙乱旗靡,无复纪律,或二人以枪荷衣物,或衣敝履穿,面如乞丐。

　　初四日,马玉昆兵至,其军尚整,然以买马料不得,向店中搜索,得之,临行出一纸,令店主人自到县署取钱,此或以无饷之故,然近于掠矣。初五日,齐某兵至,队伍尤不整,军士亦不靖。此数日间,城中虽安堵,而城外被劫者极多,各军止于不杀人而已,而横加掳掠有甚于贼。其住宿多在人家,且有淫及妇女者,民之畏兵如盗贼也。驾去后,怀安遂闭城不开者半月,日见逃军掠城而过,亦有扣门求入者,告以旅店在西门外,城中无卖物者,或不肯去,必登城谕之,始去。然凡来者,均捆载充盈,无空手者,亦有以车载妇女者。

一日,忽来军一队,旗帜甚整,扣城欲入,谕之不退,问为何军,则马玉昆之部下也。带兵官李某以终不听入城,乃止于城东关帝庙。雁题乃备酒筵一席及米面等馈之,然城人无敢往者。时观悟亭道士赵某,年二十余,人极倜傥,慨然请行,乃跨马出城而去,至则与李谈,甚相得也,李以手枪一支赠之,赵不受,曰此非方外所得有也。赵善卜,能相人术,时时作从军想,其视众人蔑如也,故其往也,怀安绅士亦甘让其出人头地,避祸而已。

方事之殷也,人家店肆皆闭门,而移其家于山中。山中实无居处,妇女辈但蜷伏草间,雨露所濡,多有病者。边地人罕识官,闻官长过,有惊避者,况兵戈乎?一日报有逃兵,以车运兵械极多,已往西关,余耸雁题出勇丁劫之,必有所获。时甘军某校率马队十人留于此,率之而出,土勇从之,果获枪械财帛甚多,然由此逃军亦遂不复来矣。自驾行后,县署双扉紧阖,似无人居,但委诸事于徐绅而已。

至八月底,苕溪携眷赴行在,驾至太原,驻跸半月,乃西行京官之赴行在者不多,乃命每人日给银三两,于是从官渐集,亦有由京奔赴者矣。九月初,抵西安,住巡抚署。至大同,住总兵署,至太原,住巡抚署。沿途则住旅店,陕省则按驿有公馆,均修饰一新。至骊山住三日,以其本华清宫故址也。

余居怀安四阅月,地居万山之中,沙河亘其北,连山起其南。城北为白龙山,山东有洞,洞外松柏蔚然,洞为龙祠,云白龙所潜也。城东有半壁山，山上有悬空寺，依崖启宇，下临绝壁，层楼危阁，望之类如悬空。城西有龙洞山虎窝寺，余所曾游也。孤城斗大，水绕山围，住户千家，室皆土筑。余所住书院，本文昌宫，亦土室也，院落宽敞，朝曦乍晃，旭影盈庭，夜月初升，清光满座。其南则群山屏列，隔垣瞰人。院中藏有《二十四史》一部，余于此补读《元史》。城中店肆无多，月凡六集，在城中，有诸用物，土酒颇佳，羊肉极贱。每衔杯把卷，坐对峦光，觉兵马丛中亦难得之境界矣。城东南隅，孤亭竦峙，平临雉堞，署名"观悟"，青山当面，湟水周前，户启云生，窗虚月印，有高道士者，人颇不俗，余暇则至此，徜徉终日。

遇山水发时，声如万鼓，大波轩然，起伏作势，如蛟舞龙腾，大木粗石，随波而下，澎湃洄旋，不可逼视，望之令人生畏，少陵三川观涨诗不虚也。然不过两时许，水即漫演，明日再视之，涸矣，信乎？孟子谓："无本者，可立而待也。"所然山多地瘠，往往百亩之田，不足养八口之家，且秋霜极早，稼穑易伤。

所幸百物皆贱，易于养生，所出者则小米最为上品，粒大而香，迥异他处。大米难得，富家皆搀和大小米为饭，名二米饭。菜则有回子白菜，形回如球，肉肥而硬，然价不过数文钱一枚。山药豆极巨，即南方之番薯，每斤三文。胡萝卜大倍于常，每斤一文。小麦极少，皆食油面，如麦面而有油，若以和麦面作饼，可无须加油。无麻油、菜油之类，而有苏油，其味极异，外方人多不能食之。羊皮袄价止一金，又有草百茎丛生，至老则枯劲可缚为帚。果则止有瓜枣之属，余者皆无。酒筵以江瑶柱为上品，海菜及鸭鱼未之见也。

城垣甚整，城头野花极多，秋景离离，遍铺锦绣。重阳日，偕高理丞、岳仙禽二家乔梓登高于城西之八楞庙小楼一楹，所见极远。时万木叶脱，有若深冬，远山作枯澹色，间有积雪，所谓"塞下秋来风景异"者也。携土酒一瓶、羊肩一胬,割鲜野饮,欢然竟醉。饮余月上,行歌入城。天使吾辈生于乱世,可云极不幸矣,然仍不失山水友朋之乐,又极幸也。昔杜陵避乱居秦州,至于无处不入咏歌,然皆独行踽踽,不闻有游侣如吾辈者。当乱离之顷,苟不得一二友朋以为之侣,有不黯然销魂者乎?则又可以傲杜陵矣。

九月二十七日,高星墀来,言顷至县署,闻德国兵将出关至宣化,暨各县开有传单,却无怀安。然闻马新泰之兵将由关退驻怀安,其兵饷已为洋兵所掠,恐不免有溃败之虞,则此处亦未可久居,乃议启行,遂与星墀各觅车。余得住院诸生为雇车四辆,于二十八日偕理丞暨岳仙禽二家父子启行。晨出西门时,马新泰兵已至,入居城内,人马纷蹂,无复纪律。至□□[①]午馔,沿路居民奔避,闾里萧然,不见行人。薄暮至□□[②],叩旅店门无应者,是镇凡有宿店十余家,均以畏兵,故不敢开门。时已初更,余与理臣皆仓卒登车,帘幕不施,坐具多缺,野风横来,不可遮御,儿啼女哭之声盈耳。徘徊于路次,殆两时许,无可为计,忽一车夫曰:"西去一店,予与之有旧,或可投宿。"乃亟驱车往,至则无人应门,车夫越墙而入,开其门,店主人始惊出,车已入店。余亟向其主人曰:"余为怀安县山长,以避兵至此。"其主人曾至怀安者,闻余语并见家眷,惊魂乃定,于是亟命抱柴升火,仆人炊饭。星墀携有火腿,煮而食。及饭熟,已三更矣。儿女纵横榻上,正杜陵所谓"众雏烂漫睡,唤起沾盘飧"者,觉其体物入微。

三十日,启行。午馔天镇县南关外,凡由燕适晋者,例于此更换车轴,以轨辙宽狭顿殊。此风之起,当自七国时燕晋分疆所为,

---

① 原文如此,难以推断地名。
② 原文如此,难以推断地名。

以免戎车之阑入。时大同镇杨姓率队赴防,经此午馈,闻义和拳初起此县,有某者自称闻太师,烧香者云集。天镇令某亦往拜之,某高踞一座,手一铁鞭指令,历数其贪污状,令□①觫无地,时把总某不平曰:"我辈官也,尔小民也,岂真闻太师乎?尔真闻太师者,当不畏吾刀。"遂挺刃而前,某下座而逃,从此无人敢言义和拳。末弁中有此朝臣,愧之矣。

是日申初,至大同府,地居纥干山之下,山环水抱,气象雄阔,城垣崇隆,楼橹雄丽,有都城气象。余行经大城数矣,殆无以逾之者。由东门入住鼓楼下高升店,东门内有岳鄂王庙,不知何人建。此城凡三鼓楼,皆绝高,楼下皆有牌坊,正中鼓楼,直南有牌坊四,街衢宽阔,名四牌楼,亦与北京之四牌楼相仿。百货所萃,南货如橙橘之属,亦有之。四牌楼之东,有金代皇宫旧地,琉璃九龙影壁,完好无恙,与大内宁寿宫者无异。余登城以眺,见城西街有佛殿耸然,檐宇四垂,制度甚古,如唐宋人画上所见。趋而就之,榜为下华严寺。入门,则中为龙尾,道高丈余,两旁石阑直抵大殿。殿凡五楹,皆以砖石砌成,圈门以代户牖,与金陵霸谷寺无梁殿制同式,而殿之顶,黄瓦四注,全类古图画,后世工人不能为也。其中佛像威仪具足,三世佛各据莲花,莲花之下又围以曲阑,极雕镂之巧。僧房数十楹,列于龙尾。道之两旁,皆低小屋,顶才及殿阶,与北京麻噶剌庙正相似,他方所无也。仍有上华严寺,去此里余,闻已颓废。相传云元魏某王舍宅建,而《一统志》则云始辽代,但无一石刻可考。此地风土清美,人民秀丽,殊不似口外。昔拓跋氏都此,可以长久,乃弃之而迁都洛阳,大河之南一片平壤,无险可守,且由周至

---

① 原文如此,推测为"惶"。

晋千余年，土已耗矣，无怪其不永也。余行天下，见地之可都者，长安外惟燕京及此耳，金陵、汴京均在此下。

民风甚醇，市价不贰，石炭最多，凡旅店均有火炕，火焰尺余，绝无炭气，消寒之佳具也。家家皆有地炕，每日所费不过三十文，而日日在春风中。盖石炭、羊皮，天之所以养塞外人也。羊肉每斤三十文，黄酒尤贱，惜澹而寡味耳。羊肉烧麦二文一枚，每人十余可饱。其余百物皆贱，闻西去归化城、泊头二处尤贱于此。口外西瓜均以九月熟，余从怀安行时，道士送巨瓜一枚，至此剖之，甜如萍实，中含冰凌，触齿如碎玉。彼地人均以此时食瓜，不讶也。

小憩三日，初四日乃行。午馔□□，①大同城北有黑烟一缕，随风远扬，土人云乃煤窑遗火，已数十年，至今未尽也。按《水经注·㶟水篇》，黄水右合西溪水，水导源火山，山上有火井，以草爨之，则烟腾火发，亦名荧台，以地考之，此当是也。土人不知，误为煤窑耳。宿怀仁县，怀仁以南，车皆朱轮，虽牛车亦尔，相传始于明山阴相国王家屏。人家多用鸱吻，亦云创于王。

初五日，宿广武城，在黄花岭下，古之黄昏城也。光柳平沙，明驼毡幕，平沙漠漠，莽无人迹，一片塞垣风景，如在东丹图书中也。黄花岭古云黄昏岭，故城受是名矣。

初六日，度雁门关，关路绝陡，石路嵚歁，盘云直上凡二十里，山泉悬注，结冰晶莹，车行极险，败轮折轴，时或有之。关城踞绝顶，度关有李牧祠，塑像一青年将军也。旁有古松数本，偃盖如虬龙，毕宏、章偃得意笔也。至此，车皆以大木缚两轮，而马亦加绁，古所谓悬车束马也。下岭又二十里，至仁义镇宿焉。

---

① 原文如此，根据路线，猜测为"云冈"。

初七日，宿阳明堡。初九日抵代州，住西关外。代州城内祠宇最多，有曰"酒仙祠"者，则杜康、刘伶、太白；有曰"李将军祠"，则祀李牧；有曰"句注陉祠"，则祀山神。中城为鼓楼，高可二十丈，有"声闻四达"额，字大径丈，相传虞世南书，其书极似庙堂碑，以"声闻达"三字配"四"字而不觉其参差，望而知为唐人结构。城北为夏屋山，城南为五台山，城东则娘子关、平新关，城西则宁武关也。滹沱水绕城而东南注，以形胜而论，固晋之天险也。时马金绪兵驻此，云将往娘子关防堵。

初十日，宿崞县。将至县，大道两旁皆土壁夹峙，直至北门，出南门又如是者数里，古名崞口。十一日，宿□□□。①

十二日，馈忻口，在金山下。其地山峦回抱，一水中萦，复岭纡回，沧波渺莽，此间风景大似江南矣。元遗山诗所谓"攒青叠翠几何般，玉镜修眉十二环。常着一峰烟雨里，苦才多思是金山"，即咏此也。此山本名程侯山，为程婴匿赵武处。宿忻州，古秀容也，今尚有秀容楼，州极繁富，胜于代州，而地势较代州为局促。孙万龄兵驻此，其兵极不守纪律，余车入城，忽来数兵阻路，欲开箱，云搜军器，与之争持久之，卒以大言恐之，乃止。此幸在城中，否则殆矣。十三日，宿□□□。②

十四日过石岭关，关在山岭，凡三门。山非极峻，而关门轨仄，几不容辀，余车至此不能过，雇人推挽至时许，及下，已黄昏矣，宿黄土寨。

十五日，至太原省城。省城北土山夹径，崛嵲一线，凡数十里，来车去马，往往致争，必一人先行，以止来辕，择宽处少待，不然竟

---

① 原文如此，根据路线，猜测为"上封村"。
② 原文如此，根据路线，猜测为"杨家凹"。

日喧阗,为耽延而已。入北门,住开化寺街。唐以前,州治为今之太原县,今省城乃宋人灭北汉所迁,故无古迹,城中荒凉处颇多,反不如太谷、介休等县之繁华。闻此次驻跸应奉之物,多取办于太谷也。东半为满城,尤不繁庶。

此次驾驻巡抚署半月,抚军毓贤亲往故关防堵,布政使以病在告,承应者惟按察使一人。行在陈设皆取之五台山行宫,盖本藏在藩库也,物极精美,驾临行时,尚携去数件。驾出京时,一物不携,御用服物多取办于此,缝工之值,为之顿昂,所以宿留半月者,盖为制冬服也。马玉昆、宋庆二军皆驻此。

余至此时,巡抚锡良初到任,因宋庆以生日宴客,马玉昆腾章弹之,马、宋由是不和,有互攻之说,巡抚不能解,招新军二千人,为之备。

闻人言,义和拳之初起也,晋省为多,前抚又信用之,故声势赫然。其初议杀洋人,巡抚与藩司同意,惟臬司不以为是,于是三司不合,臬司遂谢病家居,晋人传云臬司系教民,亦有云其家匿洋人者。及杀洋人之日,巡抚骑马率队往教堂大索,缚之归,尽斩于辕门外,其余教民未及逃者,亦诛之,所存妇女未忍即诛,劝令叛教,乃百说无一人从者,杀二人以惧之,不意妇女殊不畏,且争求死,云死后即生天堂,今一叛教,永沦地狱矣,故宁死不改,大抵迷信之心,妇女坚于男子,凡宗教皆然。乱事之初起也,晋人感巡抚也特甚;及乱定议赔款,晋人之怨巡抚也特甚。然而教力压民,民心仇教,相因至此,极难论其是非,付之一哄而已。又所谓红镫(灯)照者,亦惟晋省为多。入夜红镫(灯)满天,无从究其何物也。驾到大同,乃杀拳匪二人。至太原,又杀四人。故余至晋,已不见一人矣。

然而此次乱事,惟晋人深受蹂躏。驾过时,宦寺兵士往扰人家,上等之户不免,故神机营斩兵二人,翼长忠某革职。又闻有太监某宿民家,而辱其妇女者,更奇。其后逃军纷至,晋民夙怯,村民逃避一空,兵辄搜妇女使炊食,且不给衣,恐其逃去也。军士所为,多类此,焉能以战?

余居省城半月,日惟往城外闲游。城南有双塔寺,本高欢故宫,今尚壮丽,明晋王所重建。寺旁古松极多,本傅征君山之松庄,今庄废而松存。城内有吕祖祠,山石嶙峋,为晋藩苑囿。有张旭书小额,极佳,此外无可游览。大抵晋人吸阿芙蓉者多,富家咸困于此,无暇出游。贫至车夫,亦日耽此。自大同南行,每投店则车夫先卧地吸烟,不遑饭也。明晨虽五更启行,亦必先过瘾而后执辔。且沿途卖烟酒者,如他省之茶肆。

十八日,往太谷。去省二日程,未至二十里,榆柳夹道,路平如砥。旅店整洁,肴馔丰腆,酒则黄白均有,肴则南北俱备。盖其地为晋省富户所萃,非如是不足邀其顾盼也。县有大寺,时方开会,百货毕至。上自古玩奇珍衣服皮张,下至农具菽粟,即花梨木镶大理石桌椅,至有七堂,其余旧字画、玉器、古铜,仿佛北京琉璃厂之火神庙,有过之无不及。余于古董肆见宣德铸复祥云炉一,刘伴阮制蟠龙砂壶一,又岳礼自书诗册,字类王铎,诗则渔洋派也。狐貉之裘,到处皆是,价亦不昂。太谷产梨极美,以指弹之,即水出不止,《三都赋》太谷之梨,或即此欤?有酒饭馆均不恶,人家住屋,多连楼相接,仿佛沪上,登城一望,瓦屋栉比,高楼云构,多有以金碧饰其门者。每日晨卖小食者,多汤圆、烧麦、蒸山药之类。嗜阿芙蓉十室而九也。

二十日回省,省中因各军久住,钱店皆歇业,立公行一所,各店伙轮流司之,其钱则取之于各店,官为设兵弹压,此法可行于乱世也。晋省米价颇昂，高者为晋祠米，作碧色，夏日隔宿不馊；次为汾水稻米，亦不减南方，汉武帝引汾水以溉皮氏，至今赖之。若麦，则往年不贵，今年每斤至五十文。包子至十二文一枚，每日二百文不足一饱也。有马玉昆军中人来，云饷糈不充，每月所得不足自给，军怀变志久矣，倘一旦洋兵入故关，则诸军惟大掠而去，无战事也。且闻法人于莲花峰筑炮台，为攻故关之计，余乃以十一月初一日行，时理丞封翁已就令德堂之聘，余独南行。

初一日，至徐沟宿。闻其前令密丹阶官声极好，以忤上官去任。其忤也，以驾过不能酬应宦寺之故。然闻其去年以卓异入都召见，即有面弹上官之言，宫廷优容之。此次则以驾过境，某大臣承宦寺之恉，再三请罢之。夫去一县令至烦特旨，亦奇矣。密罢官后，抚军留之，为之改官直隶州。

初二日，宿祁县。城北麓台山作浅绛色，极似黄子久。余有句云："今日方知谈画理，麓台画似麓台山。"县颇富，类太谷。凡有钱店七家，古董肆极多。此县在唐出摩诘、飞卿二诗人，而自汉至宋明，闻人不绝。

初三日，宿平遥，亦繁盛，有大寺，寺前街多古玩肆。初四日，以女病，仍住平遥。余在药肆，见有卖潞参者，粗如拇指，五十枝，肆人才给以六百文。

初五日，宿介休。城北有介山，子推所隐也。将至城，道旁有汉槐一株，槐下即郭有道墓享堂，岿然无恙，诗刻极多，相传即有道故居也。入城有金井楼，文潞公建。此地屋多作窑形，所宿店即如是。以此悟古"陶"字本音窑，皋陶之名可证。所谓平遥者当作"平陶"，陶唐氏音亦当读如窑，而陶复陶穴亦应音窑，此理之可会者也。介休南有张兰镇，骨董肆最多，古物所萃也。镇有唐槐一本,临官道侧,与介休之汉槐,同其古劲。

初六日,宿灵石。自介休以南,两山夹涧,渐南渐东,中有险阻,曰冷泉关,一径盘空,大类云栈,下即汾曲也。《水经注》谓"水左右悉结偏梁阁道,累石就路,萦带岩侧,或去水一丈,或高五六尺,上戴山阜,下临绝涧,俗谓之鲁般桥",即此。李义山有《宿冷泉驿》诗:"介山当面起,汾水抱关斜。"写景最肖。至灵石,则山益高,涧益狭,廉将军所云两鼠斗于穴中,自古用兵之所必争。灵石城极小,南门不能方轨。城外山上有庙,丹垣碧瓦,下临绝壁,向见王廉州画册有此境也。大姓何氏居在山下,驾过时即驻其家西门外。汾水中有石,绝峭拔邑之名或以此,而土人乃指城门之石,神其说。

初七日,度韩侯岭,凡四十里,较雁门平坦,土山无石,然升降百折,比雁门差为跋涉,古名高壁岭,亦用兵所必争也。岭端有韩侯祠,以祀汉淮阴侯信,又有韩侯墓,相传此间葬其躯,井陉葬其元,一身两葬之。大抵一代之兴,必有为之佐命者,而伊吕得世其家,韩彭遂讫其命,非不幸也,由商鞅、白起开其例于前尔。

初八日,宿霍州。未至州数十里,即见霍太山在州东北,巍然乔岳也。余见山之极高者,必作白色,望之如云,太山、华山、霍山、庐山皆尔。北门外河边有铜牛,色泽甚古,二目作金色,其光煜然,传为尉迟敬德铸云。又有宋老生墓,旁官道,筑墙围之,墙上嵌宋张商英五律石刻,略记云:"不遇□□乱,谁知宋老生。身能扞隋难,义不屈唐兵。□□□□□,□□□□□。裴刘等死耳,谁重复谁轻。"[1]字极

---

[1] 原书此诗缺字甚多,且所记者与流传《张商英题宋老生诗碑》多有出入。唐晏所见诗碑应是嘉庆二十一年重立之碑,该碑目前已被完整复制,诗文为:"血战保孤城,嗟哉宋老生。身甘殉隋难,义不屈唐兵。骨已尘埃尽,光犹日月争。裴刘等死耳,谁重复谁轻。"(参见李玉明、王雅安主编:《三晋石刻大全·临汾市霍州市卷》,三晋出版社,2014年,第422页)可知唐晏应为事后记忆有误。

飞舞,类米海岳。州城荒凉,无可观。

初九日,宿赵城。城外有国士桥,豫让狙击赵襄子处。此地庙会是日将毕,然无上等物,多农具而已。有鸳鸯剑一枚,索直昂,未之购。

初十日,宿洪洞城外。有箕山立石,曰巢父洗耳处。有饮牛桥。洪洞城外多积水,据云夏月芙蕖极盛。

十一日,至平阳府。由平阳而北,地皆在岭上,行人不知也。及将至平阳,山势陡开,南见平地,始悟连日皆行天半。是日,大雪阴霾蔽空,万山积素作银色,车行于峰峦纡曲中,大好"洪谷子雪栈图"一幅。于时已曛,宿西关内。平阳古名平水,元代手民所聚,今传有平水板印本书籍,盖始于耶律楚材,事见《元史》。自遭兵燹,至今未复,零落如村坞。城中有苍颉造字台,城北藐姑射山,神人虽不可见,然山特秀丽,岚翠扑人。又有士师村,乃皋陶生处。去城不数里,又有羊獬村,帝尧时羊生獬鹰处。城南十里,有尧、舜、禹庙,凡三庙相次,自东而西,《水经注》所云"汾水东原上有小台,台上有尧神屋石碑",应即此地。在元魏为平阳县,今县废而庙存,相传古之平阳本在此,今城为刘聪所迁。按平阳之为郡,始于元魏,此或然也。

十三日,宿侯马镇。大学士刚毅行至此,朝命不得随行,刚遂以忧卒。时棺尚寄旅店中,无人过问者。十四日,宿水头镇,为司马温公故里,今有碑存。十五日雪,至午不止,宿闻喜,已更余矣,未至。闻喜有裴乡,为古非子封邑。裴姓者,至今尚数百户。乡南有九凤原,裴晋公墓在焉。有裴家祠堂,道旁碑二,一书"唐裴晋公故里",一书"宋赵丰公故里",尚想三公相业,古今人何相远至此耶?为之太息久之。

十五日,宿□□,①属猗氏,有猗顿故里。十六日,宿□□,②属安邑,道旁有坊,署"鸣条陌",有殷所以肇王业也。

十七日,宿□□。③ 十八日,抵蒲州府,午馔未至蒲州十里为普救屯,北临官道,岸势陡绝,盘纡而上。有普救寺,为隋僧道积所建,正面中条。佛面金光与峦光照映。惜自兵后不修,只大殿及宝塔无恙,余皆不存。游人题诗,皆咏双文事,然所谓西厢者久成蔓草矣。其西即蒲坂,危坂崭巖,下瞰府城,所谓"鸣銮下蒲坂,飞辔入秦中",正在其地。是日午馔蒲州,食沙子饼,形似秋叶一片,不用油,但于热沙中弇熟,风趣绝佳。《资暇集》记"同州石铁饼",此其遗制欤?晚宿廓河镇,正在雷首之阳,此夷齐成仁处也。

十九日,晨馔河上。午渡黄河,即古风陵渡。舟凡二只,水势迅疾,人力难施。至晚始抵潼关,入城住刘家巷。潼关城倚山带河,北门外危堤一线,迤逦而东,地势渐高,至东门如龙之昂首,古名"黄卷阪",杜陵诗所谓"连云列战格"是也。东门最雄壮,西门则就平地。城中亦止长街一派为平衍,余则皆山也。东为麒麟山,西为凤皇嘴,城亦随山而筑,高处入云。余居刘家巷,地在南门内,即在凤皇嘴之下,出巷不数武即南门,南门外即禁坑也。有十二连城,类今之炮台,列于山上,凡十二而至秦岭。盖潼关虽险,若自秦岭而入,则居高临下,故黄巢昔自此入关。其下为潼水,南门之西水关列闸口三,水入城中,经潼桥而北,出北水关入河。潼桥上日中列市,无贵重物,然往往有古铜陶器出焉。潼商道署在北城下,后园有楼陟之,可以登城直至东门。门楼壮丽,刻前人诗于壁,许

---

① 原文如此,根据行文可知应为"临猗"。
② 原文如此,根据行文可知应为"解州"。
③ 原文如此,根据路线,猜测为"永济"。

丁卯诗所谓"残云归太华,疏雨过中条"者,宛在目前,大抵唐人诗写景最工。

而自潼关以西,处处唐人诗境,非亲到者不知也。此地黄河鲤鱼最肥,有酒名黄河水,颇美。黄河水酒,乃黄酒,又有白酒,名"万古寺酒",以柿干所酿,相传其法始于中条山万古寺。柿亦可作醋,色清如水,平阳以南,皆用以和羹。市间百物不乏,惜当大乱之际,又关中饥馑,道殣相望,食物昂贵,面至八十文一斤,米亦六两余一石,无柴而烧炭,每斤至二十六七文。余处此,眷属十一口,月需五十金。古云长安居不易,今潼关居亦甚难矣。是地驻有董福祥部下一军,凡五百人,二十四日赴行在。是日宿华阴。潼关而西,大道宽阔,道旁树木直至西安,仿佛燕京卢沟桥大道。夜起望岳,白云四拥,微露三峰如神仙,金银台卓立天半,此境画所不到。明日,宿冷水。

二十六日,午经华州,地多大竹货、竹器者,极众。州城遭兵,户口不多。寻小曲江不得,但寒芜衰草,奄冉空际而已。

二十七日,宿敷水。南望终南,山色极近,烟树郁葱,寒原萧瑟,想白太傅"上得篮舆未能去,春风敷水店门前"句,为之神旺。是地馒首最佳。

二十八日,宿临潼县。华清宫在南门外,今改为公馆,即古之驿馆也。出县南门,驰道如砥,苑墙低小,仿佛燕京圆明、畅春制度。入门而左,有大池,居人多汲水其中。再东入一门,则厅事,三楹相对,为华清池,砌石为洞,极宽阔,气出如蒸。再入一门,大厅五楹,相传为九龙殿故址,面对骊峰,不及半里。倚窗小憩,户外一峰拔地而起,为天下名园所未有,令人久留不忍去。厅西南一小室,白石池一,传为御汤。余浴于其中,水温凉适中,可以久浴而不寒。池以沙为底,水深尺余。出厅东,一门入之,则有舫室三楹,环以大池,气象幽旷。驾驻此三日,召对臣工,辄于此室。池之周围,环以山石,长春花正开,不似冬月。其旁一室,为贵如池,时已封闭,太后曾浴也。再转而南,则东绣岭路也。山上老君殿、朝元阁今皆无恙。其北有连楼数楹,以《长安志》考之,尚是旧基,或云是即羯鼓楼也。此地食肆颇多,烹调不恶,想为唐代之遗,亦如今北京之南海甸耳。

二十九日,抵西安省,先至浐桥,即辋口也。又十里,至灞桥。石桥壮丽,两岸阑干甚修。于时晴雪在地,冻柳嘶风,余舍车而徒,徘徊甚久,遂得"诗思不关驴子背,芒鞋踏雪灞陵桥"之句。过邵平涧,又十里,为长乐坂,古之长乐坡也。高峻不易上,上坡即长安东门,所谓下马陵者,正在其处。入城住马坊门旅店。时各省京饷皆到,故旅店人满。暂假藩库为户部,储峙已足敷用。今年南漕皆改道,由汉水入荆紫关溯龙且寨入秦,此为西幸之第一筹划,苟不然者殆哉。

时抚臣修总督署为行宫,门柱改朱漆,牌坊画以云龙,驾至,嫌其不敷,改住抚署(俗名北院)。六部堂官至者,多住贡院,遂以贡院为六部公所,司官则各住会馆,或赁屋而居。百官皆便服,戴顶帽,着靴而已。然官来者不多,遂至以笔帖式掌印,小京官主稿,或一人兼几司事。沿街京官车马往来,已有京师气象,且公退后多聚于食肆,京语满座。然而向之每日给银三两者,至此改为一两。而各省均筹款寄京,以津贴京员,故赴行在者无多人。逮后改为由行在放缺,而京官又集行在。按京城制度,各官皆乘车,去仪仗,惟巡抚行执金吾事,乘轿,从骑有兵数人。

此时市上百货云集,关东之牛、鱼、野猪皆有之,若葡萄干、哈密瓜更多。街头凡地摊四行,据秦人云,自来未有如此之盛者。

城北有城隍庙,为万货萃处,门店之间皆列肆也。四隅则为戏园。城中佛祠极多,而城南之慈仁雁塔,尚是唐之旧宇。文庙在南门内,亦是唐之夫子庙堂遗址,颇宏,今皆无废,惟正门殿、无恙殿后为碑洞。大屋之以五楹计者十列,屋之内碑以列计者凡四,唐宋元明清淆然无序。或于此碑之阴,又刻彼碑,类碑贾之所为。颜氏家庙碑石极佳,光可照人,所以古人重选石。庙内外多卖帖者,仿佛北京之国子监。虞世南夫子庙碑在正殿廷中,不开门,故不可见。余登南门楼以望曲江,时大雪载途,一白莫辨,但见佛楼高耸、雁塔撑空而已。

都中旧友多于此遇之,访洪苕溪于江西会馆,偕访夏伯定于湘子庙街寓,齐读其奏疏为称快,不减于贾长沙、陆宣公也。伯定疏劾某大臣,请置重典者。缘行在谏官均外补,无一存者,故伯定发愤陈之。然其初到行在,召对两时许,极蒙优眷,及是,疏入而不得妄有所陈之旨下矣。

见某君谈其在李鉴帅幕府事,始闻北洋失事之所以然。李帅虽有四军,兵皆未练,且无军械,或有器而子码不合。其精军荣相自统之,却未一战。盖拳匪一局,士大夫知其不可者甚多,然能阻之者,竟无一人,且皆相率而入于险,时相之于人材也,又阳尊之而阴忌之,阳用之而阴挤之,必使之自败而后快心,偏廷臣如出一辙而置国事于不问,其致败宜也。庄邸、李帅之用,盖皆如是,此俗所谓"替死鬼"耳。军机之拟诏旨也,动以天良责人,而彼辈绝不自问其天良之何在,徒为朝廷敛怨而已。所以当大厦之倾,始叹栋梁之乏。

时大旱,秦中道殣相望,朝命岑抚军祈雪于太白,竟得大雪,秦民极感动,固知天命之未去也。先是,余来时,至渭南县,见城隍庙外饥民列坐,闻系待放粥者。时已酉初,门尚未启,有一老妇忽大哭,盖饿不及待矣。欲亟买馍数斤散之,聊以充腹而已。闻官并不问其事,但付之官亲及胥吏为之,是以如是则为朝廷失民心者,皆此辈耳。正所谓"不自为政,卒劳百姓"也。

长安市上尘土最多,苟遇雨雪,泥深如糊,非车马不能出门,老杜诗"所向泥滑滑,思君令人瘦",由来古矣。此地乌鸦最多,然不集于木,而群啄食于通衢,如鸡鹜,人来则翔起,人去复集。明代紫禁城尚在,完整如新,且其地址宽于南京。明祖本志在都秦,曾遣太子来经营,太子卒于途,此举遂辍。禁城今为满城,正殿基已改为演武厅,登之,正对终南,于此悟"南山倚殿前"之句,一"倚"字足尽其妙。其西尚存大石数峰,玲珑可爱,唐宫遗物也。唐代都城本极巨,今西安城乃是就唐京城而缩,其南北但得其中区耳,故今城东西长,而南北促,正当唐皇城之地。唐代宫城当在今北门外,唐代坊巷又在今南门外,蔓草平原全无可考。

余居长安七日,城中未能遍历,略游街市而已,唐全盛日,其大可知。且街市广阔,城垣整齐,较之北京有过之。而其土俗往往与北京相类。如食肆中唤菜必高呼,食毕必有漱水及槟榔碟,皆与北京同;又所市之物亦多相类,大都天下建都之所,风俗往往相似,此由于迁民之故。陕人言语尤近古,如呼山为原,坟为冢,坡为坂,何处曰阿底,则他省所无也。

余于初七日返潼关,晓行,经临潼,南望骊山,初日正射,忆杜诗"晨行经骊山,御榻在兀臬"者,正如目前事耳。经新丰镇,非古之新丰也,古之新丰即今临潼,然殊无佳酒,尚有酒楼数家,肴馔可食。东经赤水,正见终南时雪初霁,如玉屏九叠,大抵长安道上望终南,忽远忽近,加以残雪未尽,烟树迷蒙,吟祖生《终南积雪诗》,而益觉其工。余往来终日,不出唐人诗境。潼关中途有石坊,余拟刻以"唐人诗境"四字,盖幼读唐诗,未涉其地,及此番亲到,始知写景之工,非后人所及也。余有诗云:"才过敷水又新丰,处处唐人诗境中。最是晓风残雪里,终南九叠玉屏风。"抵潼关已腊八矣,得一诗云:"莽莽长安道,潼关四扇开。衣裳浑未典,风雪又归来。天意浑难问,民生真可哀。贾生方恸哭,孰念栋梁材。"

余居潼关久,日惟游行山泽,或入酒肆,然本地下酒物极少,惟酱菜极佳,多以杏仁、花生、酱肉等下酒,若黄河鲤虽美,非恒有之品,仅三尝而已。潼桥左右列肆间,有古书帖,价极廉。陶器则新出土往往有之,惜有款识者无几。古钱则有奇品矣。麒麟山上有东山庙,可登览。西门内尚有庙数处,然皆荒凉。南门外乱山丛杂,终日无人迹,但有废垒,尝偕友人携酒肴饮于垒中,有诗记之:"百二山河四望通,雄关于此限西东。老罴当道声威壮,归马前朝转瞬空。谁信山颓成小劫,古来瓦解笑群雄。我来把酒浇潼谷,百感沧茫落照中。"时已青阳逼岁,腊鼓逢逢,竟不知身居异乡,而时当乱后也。余署门桃符云:"去国田园成失马,入关家世再从龙。"居此度岁,禧吉祀先,居然成礼。

岁朝无聊,偕友人游市。此地妇女盛服归宁,其装束仿佛周昉画仕女图,于云肩之下垂飘带四,条长及地,项圈金锁制度颇古,头上一物,珠翠环绕,则类无双谱所画武曌像,此盖唐代宫装,今未之改。然平日则衣饰极陋,首饰以琥珀为最贵。按《至正直记》,元代禁珠玉民间不得用之,所用者惟琥珀耳。今它省此禁久弛,而西方尚沿旧俗。妇女衣服或多左衽,即衣肆所陈,亦多左衽之服,竟不知所始,或自金元以来有之,然今日蒙古人却不如此,何也?

正月初五日,偕友游华山。是日出西门,午餐于华岳庙。潼关西门外有李家园,乃故山东巡抚李德所筑。园门有汤文端公书额,园内亭台不多,腊梅、迎春开极盛。其园外道北,即杨太尉震墓,大鸟之所临也。再西,有莲花寺,王山史湄园在焉,今不可问矣。

华岳庙极宏敞,大殿五楹,中供神牌,曰西岳华山之神位,二门外有左文襄篆书重修庙碑。乱前庙神皆塑像,至于寝殿中宦官、宫嫔皆备,左公重修尽去之,但奉神牌,此最得体。庙后为园,其中柏树皆秦汉物,柯如青铜。园后为阁,曰万寿阁,登之,正面华岳,有如莲花,三峰则如莲房。阁正中奉圣祖神牌,康熙中西征所留。大驾西巡驻此,太后谒叩神牌,恸哭不止云。屏风上镌《明太祖梦游西岳记》,尚是故物。二门外西序,后周华岳庙碑在焉,碑阴《唐韩赏告华岳文》,碑侧刻"颜鲁公谒金天王"题名,又有"中宗述圣颂"及唐宋题名甚多。汉碑阴一石,在大殿中,余令道人两面拓之,其碑阳尚能辨出数字,比阴字略大,此亦仅见矣。老子系青牛树,在大门内之西,木根多瘿,叩之坚如铁石,兵火所不能毁,其枝尚存,虽无生意,然亦无死机,此真德充符也,《元中记》云,万岁之树精为青牛,此其是乎?

入山,先至玉台观,殿宇皆倾,门墙仅在,惟陈希夷一殿尚完好。道士之居,多竹,观西朱子祠亦无恙。天下《道藏》,惟玉台观是宋代本,未经元人焚毁者,不知今存否?十里,至玉泉院,为玉台下院,希夷退居之地,尚完整。其前为山荪亭,石上多宋人大字刻名,长廊曼回,流泉旋绕,月下最佳。其木多无忧树,不知于古何名。道士以松节烹茶,芬芳可悦。初六日,早饭于玉泉院。

入山过第一关,有大石,天然生一鱼形。至桫罗坪,为唐金仙观故址,金仙公主入道所,希夷峡在焉。其绝壁上垂铁索二条,则大上方路也。至青柯坪,住玄女宫,正在三峰之下,南对莲花峰,类碧玉结成,峰半有泉,即肥穴,古来有泉水飞洒,近始断流矣。饭于玄女宫。月下望莲花峰，见太华夜碧之妙，盖三峰直是一拳石耳。峰头松影蒙茸，正如莲蕊。

初七日，携杖登山。初登处有大石，曰"回心石"，刻字曰"英雄进步"。时冰雪未释，石极滑，石后有铁梁一段，攀铁索履梁而登，数十武外，已陟绝壁，四顾无依，止凭手中铁索一条，如化人之飞行。至千尺㠉，石磴在㠉中，如入鼠穴，攀援久之，始出于上口，章八元所云"回梯暗蹋如穿磴，绝顶初窥似出笼"者也。又数十武，至百尺峡，更险于㠉，但略短耳。再上老君犁沟，则尤险，盖大石高数百尺，一石如鱼脊，斜附石畔，窄仅容武。趾石手索，蛇行而前，几半里余，中途有宽处，仅尺余，可伏而息。少息更进，所赖茂草丛生，下视不见，否则无进理也。过此，即云台峰北峰也。寺名云台观，坐观外南望三峰，正见其背，然松石之佳，已足齐阆风而超悬圃矣。南去为擦耳崖，约半里余，至阎王碥、上天梯、三清洞，历老君洞、金光洞、猢狲愁、金鸡过峡，至五云峰宿焉。

盖华山凡有六峰，南曰"落雁"，北曰"云台"，东曰"仙掌"，西曰"莲花"，中则"五云""玉女"二峰，而以三峰闻者，三峰特高峻故尔。磴下听道士谈山中遗事，云山有陈希夷时守山神虎，至今尚在，往往有见者。又数年前，有人见肥蠖，六足四翼，如《山海经》所言，故山无虎狼蛇虺，以此二物为镇也。

初八日晨，往玉女峰，叩洗头盆，水已成冰，不可复掬。东面绝壁，名"睎发台"，峰下有玉女洞，玉女窗即在洞上，石洞之漏光者耳。玉女祠传系肉身，或云即韩姑姑之蜕也。此峰松最大而多，大抵华山松叶短于他山，松塔亦小，殆异种也。玉女峰而南，至苍龙岭，宽不及二尺，圆如驴背，两边皆绝涧也，大松由涧下上生，才见其顶，人行岭上，如履墙脊，《水经注》谓之"搦岭"，言以手捉搦而过。今则有石阑两行,阑中又有铁柱,贯以铁索,行者差得安便,然亦战兢自持,无敢纵步。过岭,即"投书洞",刻云"韩退之投书处"。再上为八公凫,再上为避诏崖,再上即落雁峰,是为南峰。

华山极顶,太白"欲诵谢朓惊人句"处也。金天宫门北向门外,以板为阑,余携巨笔欲于此题字,适道士倚门而立,曰:"勿尔。本庙正思易匾额,请为书之。"余询其姓名,姓赵,字月初,为金天宫住持。遂令烹茶磨墨,且备午餐。余见其案上有世德堂本《庄子》,知其不凡,问之,能棋,解诗字,余遂为之捉笔,篆书"金天宫"三大字,字径二尺余,又书条四幅,适得五古一章,遂以隶书录之,云:"人道华山奇,我道华山媚。亭亭如静女,卓有遗世态。山花绣绮裳,春草添眉黛。恐化彩云飞,翱翔九天外。"遂出南天门,履九截椽,至贺真人洞,题名而归。

九截椽者,在南峰之阳,下临不测之深,山本无路,以铁为椽者,九相衔接,才容半足,以索挂于石上,不知赖何术以成之。又有横索三条,人足椽手索以腹熨石,横行而过,少不慎一坠万仞矣。相传贺真人初开此山,所至,人辄随之,后遂开此洞居之,人不敢至焉。然游客好奇者,终以一至为快。其洞中有泉水一凹,四时不涸,东壁上刻字曰"冯敏昌来",洞前围以石阑,可立而望山之阳。小山罗列,如尊俎瑚琏,杂然前陈。据云由洞至麓,绝壁直下,殆将十里,小山之高有二三里者,尚如蚁垤,杜陵所云"诸峰罗列似儿孙"者,殆不止于儿孙。老杜未登山,只见其北面,故尔。若至此,不知何以名之?

由此下山,峡中仍有一洞,因其路更险于九截椽,未之往,仍入南天门,由屈岭至西峰岭,在南西二峰之间,如行回廊之脊,风至,不能立足,将恐御风飞去。由此至西峰,峰之绝顶有大盘石,圆径十余丈,天然九瓣,如莲花之仰开,下覆一石,如莲房,此莲花峰所由得名。昌黎所云"花开十丈者",此也。后人误谓玉井内别有仙莲,则全失之矣。

至西峰庙,庙门壁上题一诗颇佳,款署黄某,此即本庙住持,闻其人极风雅,藏书最富,壁上名人赠诗累累,今不在庙,因傲华阴县差,诬以他事,遂逃去,今在西安八仙庵云。然所付非人,壁上古琴一张,已易新者,使其久去不归,所付非其人,则所藏者将不免尽入劫箧手矣。抵舍身崖,观于玉井,遂仍从南峰归。南峰有天池者,其旁题名极多,然无甚远者。历八公龛至苍龙岭,其初来也,由下而上,但觉其陡,随今返也,由上而下,如下坂之走丸,慑不能步,始知昌黎投书之有由,傥非铁索萦其旁,石阑护其足,余亦将效昌黎之所为矣,所云"悔狂已咋指,垂戒仍镌铭"者,信哉!

仍由玉女峰返五云峰,晚饭遂宿焉。时道士有疾,余为之拟一方。月下立峰巅,松下听涛声,甚壮。下视渭水奔流,触山而过,东见中条,可以俯视其顶,因念时方艰难,我辈乃得此境界,正宜及此息肩,不复作世间想,何为入此滔滔衮衮中乎!是夜,以登顿劳苦,睡甚浓,且被褥皆绸缎为之,甚新洁,故安眠甚适。

闻每年三月香市,各庙所入不资,故能办此。且山上负物,皆以人工,每人所负,止六十斤,工资二百文,凡米酒肴价皆贵于山下,而道士之酬客肴羞饮食之外,例有馈赠,则华山圆黄精、五加皮、万年松之属,客酌收其一二,报以金钱,此道士养生之术也。

然山上茆盦甚多,有终年不举火者,则以山上黄精、茯苓、栗、柿、枣、松各实,采以充饥,不致乏粮。游客所至,道士以果食供客,则榛、栗、枣、柿、松子、黄精、胡桃外,无余物也。无茶,以松毛火烹山泉,味极香。天作此山,以供休粮者栖止尔。习静道侣结庵,必于绝壁十仞以上,壁上凿穴,两行攀跻而上,下人望之,杳入云中,即本山道士亦莫测其踪迹。

初九日,由旧路下山,至青柯坪,已日加午矣。午饭遂行,仍宿玉泉院。月下听泉于山荪亭。

初十日,返潼关。于道署见上谕,知严惩首祸诸臣,和约将定也。时庄亲王住蒲州,遣使往赐死,闻死时甚从容。赵尚书本定斩罪,因陕人不服,乃改自尽。然自尽未殊,监视者以水湿纸,糊面而死。董福祥本亦定罪,闻各营欲为变,乃改革职。又闻毓贤已发甘肃,及正法之命下时,藩司某以在晋日本与毓同谋,而洋人未之及,及是,某以藩司护总督例,应监刑,某乃先一日自尽,由臬司监视,如某公可谓不负初心者矣。

时在关过上元,关城放镫五日,虽不足观,然较之北京于外国节令日家家挂镫旗,而中国节令反无声臭者,胜之远矣。故余度岁诗有云:"竟作罹罗雉,潼关度岁华。艰难成小住,辛苦挈全家。不改从龙旧,何妨失马嗟。幸非王氏腊,无碍颂椒花。"

时和议已定,住此绝非久计,乃谋适江南。闻龙且寨一路,自去年运粮后,路颇通,手下资斧不足二百金,去住皆不可恃,然去究胜于住,遂定以二十二日行。

是日早行,大雨不止,宿城南之四十里铺,金氏嫂病于此,明日早仍返潼关。二十四日,金氏嫂卒于是,棺殓于刘家巷之宅,虽草草成礼,而幸附身之物皆粗具,遂以三十日移其柩,厝于城隍庙。后乃以二月初六日再启行,仍宿四十里铺。

秦岭之下大石,多宋人题名,录刻如新,石上往往见之,且皆北宋时人,游师雄字尤巨,《关中金石记》以山荪亭下师雄题字为最巨而遗此,是搜访未至也,知宋时以此为孔道,惜未携纸墨拓之。

初七日，宿巡检司，在万山之中，一水环之，昔有巡检驻此，今久裁，然其地与外间隔绝，见吾辈之来，争来问询何从至此？竟不知世间有乱事也。

初八日，宿刘家屯，村民演剧不过三出，而颇不似村戏。

初九日，宿龙且寨，改乘船，由寨河南下。其船极小，式如秋叶，名拨秋行，此河非此船不可，盖河水极浅，或行于沙上，而此船能跃沙而过，船底为沙石所碍，无少损，不知何木所为也。此后遂日行于乱山中，盖两山夹一涧，山极陡峻，水流甚急，舟逐急湍，亦不知日行若干里。地势已近蜀，故峰峦峭拔，石骨玲奇，间以桃柳杂花，大李将军嘉陵江图或者如是。至荆紫关易舟，稍大于前，遂至老河口，再易大舟，入襄河。老河口为湖北大镇，不亚樊城七镇，北近邓州，当是宋金榷场之所，故至今繁盛，由此易大舟，名襄阳子。

凡八日夜，至汉口。水中大石密布，殊不易行，非篙师得力，无不触石者。及至汉口，已三月初矣。于汉镇遇皖人钱君者，总理衙门供事也，谈虎神营兵恩某杀德使克林德事甚悉。云方武卫军之抢掠也，袁京卿爽秋之居在二条胡同，与之邻，惧而移居于东华门内，并乞兵于端邸以为卫，端邸以二十兵往。及迁也，经过奥国使馆，拳匪正攻使馆，兵亦开枪助之。时克林德将往总署，乘舆至此，舆人闻枪，弃之而去，兵见舆之委于路也，怪之，往视，见克大呼曰："此中尚有洋人！"克见兵来，亟发手枪，兵亦回枪击之，一发而毙。时克之引马已至总署，告知此事。总署遣人往，已无及矣。钱言此事，历历盖出于目睹云。

于汉口住一日，附吉和江轮，三月初三日抵江宁省城，住四条巷。

叙曰,拳匪之初起也,如火之始然,熠之易易耳;而卒至于不可救者,或天命当如是乎？抑民生际此劫运,必使之死于此运,以塞此劫乎？殆有不然者矣。

夫所谓拳民者,皆农家者流,五尺之稚子耳,而提刀杀人,宛转如风雨,壮夫有不及者。而考其术,则所祀之神,多出于小说,如鸿钧道人、广成子、孙悟空之流；其所诵咒,有云唐僧、沙僧、八戒、悟空者,有曰"一拜天门开,二拜地户裂,三请孙悟空,四请猪八戒",此余亲闻,其诵者云无不灵应如响,幼童得此,可敌壮夫。至其所谓不畏炮火者,其咒则曰"冰凌山,冰凌洞,冰凌洞里有冰人",云云。而亦云有验其所为,始终同于儿戏。北方人质朴,故信之者多,原无足怪。所可怪者,以二百年之朝廷、洞达事理之大臣、娴于文学之侍从,乃皆为其所愚,而举社稷于一掷,究其命意之所在,卒不能得。然尚得委曰百姓迫于教堂之压制,思一逞以报其怨,朝廷迫于百姓之怨恫,而顺民以逞其欲,其势有不得不然者,固亦有之。然而究其势之所以成,则不在此,正以甲午之役吾国败于日人,上下之人举以为忧,亦明知其宜发奋以自强,然自强之道果安在乎？于是君子谋于朝,小人谋于野,必求所以自强者。

强之道,不外于用兵,故荣相练武卫军,端邸练虎神营,江南练自强军,天下无虑,皆瞑目而语兵事矣。然上固强也,下亦效之,乃求其所以能制胜而杀敌者,其道无由,盖洋人之炮利也,必求所以不畏炮火者；兵精也,必求所以能制其兵者。至此,而民之技穷,乃有为之说者,曰"胜此者,非神道不为功",于是义和拳之说起矣。小民甚愚,焉知利害？其所见闻,不出戏文、小说,举小说之所以致胜者,而欲慕效之,于是义和拳因之而日盛,民不足怪也,吾怪夫居廊庙者其识亦犹夫民也。居廊庙者不足怪,吾怪夫士大夫之见亦与之同也。孔子曰"苟患失之，无所不至"，嗟夫！今之士大夫，其自为谋也，患失之也，其谋人国家也，患失之也，由此患失之一念，展转不已，乃成为今之世界，此岂无故而然哉！

当闻孔子曰："有国有家者，远人不服，则修文德以来之，今由与求也，远人不服，而不能来也，邦分崩离析而不能守也，而谋动干戈于邦内，吾恐季孙之忧不在颛臾，而在萧墙之内也。"圣论盖早见之矣。至于民，则惟上之所用。孔子曰"子欲善而民善矣，君子之德风也，小人之德草也"，此其责还在乎上。

故庚子之乱，举天下而付之一掷，其势既成，而君相不能挽回者，非民之顽也，正以君相所以服民者无素，民知上之未可恃也，遂仓皇一试，并上之号令而弁髦之矣。

故庚子之乱，不可惧于诸军之衄败，而可惧于号令之不行，至于号令不行，则虽无外洋联军之入，亦惟有委之而去焉。尔朝旨但责诸臣之各具天良，不知臣民天良之来由在上者为之倡。孔子曰"自古皆有死，民无信不立"，夫庚子之朝命不行，孰非朝廷诏旨屡失信于民，民乃始轻朝廷，而不遵其号令乎？故天下可畏者，惟民。召公曰"顾畏于民岩"，而可信者，亦惟民。武王曰"天视自我民视"。当拳匪之初，号令之不能禁，理谕之不能劝，及其既败也，三尺童子得而笑之，夫非以中国人之性质，徒顾目前，不思其反之所致乎！

余于庚子之乱首末，皆得目击，事后追思，成为此记。后之人阅之，必有疑而不信者，乌知其时人心之不测竟有至是者乎！然而庚子往矣，尚有未往者，在人心之变，亦将百端，天意所极，终归一致，是又非浅见所能测矣。

光绪辛丑五月，唐晏录于白下